BIBLIOTHÈQUE LEDUC

TRAITÉ
D'ACCOMPAGNEMENT
AU PIANO

de la Basse chiffrée, du Chant donné et de la Partition d'Orchestre

PAR

EMILE DURAND

PROFESSEUR AU CONSERVATOIRE NATIONAL DE MUSIQUE

PRIX 18 Fr. NET

PARIS, ALPHONSE LEDUC, ÉDITEUR

BIBLIOTHÈQUE-LEDUC

TRAITÉ
D'ACCOMPAGNEMENT
AU PIANO

de la Basse chiffrée du Chant donné et de la Partition d'Orchestre

PAR

ÉMILE DURAND

PROFESSEUR AU CONSERVATOIRE NATIONAL DE MUSIQUE

PR. **18** FR. NET

DU MÊME AUTEUR :

TRAITÉ D'HARMONIE COMPLET (*Partie de l'Élève*). . . . . Prix net **25** Fr.
RÉALISATION DES LEÇONS D'HARMONIE (*Partie du Professeur*) . . . . — **12** —

PARIS. ALPHONSE LEDUC, ÉDITEUR
3, rue de Grammont
1884
Tous droits de traduction réservés

AVANT - PROPOS

L'étude de l'*Accompagnement pratique au piano* ne s'adresse pas seulement aux jeunes gens qui se destinent à être *accompagnateurs;* elle est indispensable à tout pianiste qui veut devenir *bon musicien pratique.*

En effet, cette étude contribue puissamment à développer le *sentiment harmonique;* et par elle, on acquiert *une grande facilité d'exécution* dans l'art de former et d'enchaîner promptement les accords; elle comprend:

1° la *Lecture* et la *Réalisation* de la *Basse chiffrée* sur le clavier;

2° la *Formation* de l'harmonie sous le *Chant donné;*

3° la *Réduction* au piano de la *Partition d'orchestre;*

4° la *Transposition* sous toutes ses formes.

Avant de commencer l'étude de la *basse chiffrée,* il faut avoir *écrit* une quantité suffisante d'*enchaînements d'accords,* à *trois* et à *quatre parties,* pour savoir éviter les *quintes* ou *octaves consécutives, quintes* ou *octaves directes, fausses relations,* et toutes autres choses défendues par la règle.

En conséquence, nous supposons que l'élève a toujours *étudié un accord et les lois qui le régissent,* dans un traité d'harmonie, *avant d'en faire l'application au piano.*

C'est pourquoi nous avons jugé qu'il serait *superflu* d'entrer, ici, dans de *grands développements théoriques,* ces développements devant se trouver dans le *traité d'harmonie* qu'on aura suivi.

Nous nous bornons donc à donner *quelques principes généraux,* ainsi que les *règles* qui sont *particulières* à l'harmonie *appliquée au piano.*

Les élèves qui suivront notre *Traité d'Harmonie théorique* et *pratique* (*) pourront commencer *l'étude de l'accompagnement* dès qu'ils auront terminé les exercices de la page 67.

(*) *NOTA.* — Notre *Traité d'Harmonie* et ce *Traité d'Accompagnement,* étant construits à peu près sur le *même plan* et marchant presque *parallèlement,* il sera bon d'*étudier de front* ces deux ouvrages: ils se *viendront en aide* mutuellement, réciproquement; celui-ci est, en quelque sorte, le *corollaire* de l'autre.

ÉMILE DURAND

TRAITÉ D'ACCOMPAGNEMENT

AU PIANO

DE LA BASSE CHIFFRÉE DU CHANT DONNÉ ET DE LA PARTITION D'ORCHESTRE

DE LA BASSE CHIFFRÉE

§ **1.**— On nomme *basse chiffrée* la partie grave de l'harmonie au-dessus de laquelle on a placé des *chiffres* pour représenter les *accords* qu'elle doit porter.

§ **2.**— *Un seul chiffre* suffit parfois pour indiquer un accord de *trois* ou *quatre sons;* il représente toujours, numériquement, *l'un des intervalles* dont cet accord est composé: les *autres intervalles* sont *sous-entendus.*

Ainsi, un accord designé seulement par un 5 contient, nécessairement, une *quinte;* il demande, en outre, une *tierce* et souvent une *octave:* ces dernières sont alors *sous-entendues.*

§ **3.**— Les *notes* représentées par les chiffres peuvent être exécutées à *une* ou à *plusieurs octaves au-dessus* de leur véritable intervalle.

§ **4.**— Un *zéro* placé *seul* au-dessus d'une note de basse indique qu'il ne faut *point d'accord* sur cette note.

Si le *zéro* est placé *au-dessous* d'un 5 ou d'un 6, il indique qu'il ne faut faire ni *tierce* ni *quarte.*

S'il est placé *au-dessus* d'un 3 ou d'un 4, il indique qu'il ne faut faire ni *quinte* ni *sixte.*

§ **5.**— Aux chiffres, on associe parfois des *signes accidentels:* ♯, ♭, ♮, ✕, ♭♭.
Un *accident* placé devant un *chiffre,* indique que la *note* représentée par ce chiffre doit être affectée du *même accident.*

Paris, ALPHONSE LEDUC, Éditeur.   A.L. 6703.   (Gravé chez Alphonse Leduc)

Ainsi un *dièse* placé devant un 5 veut dire que la *quinte* doit être *diésée;*

Un *bémol* placé devant un 6 indique que la *sixte* doit être *bémolisée.*

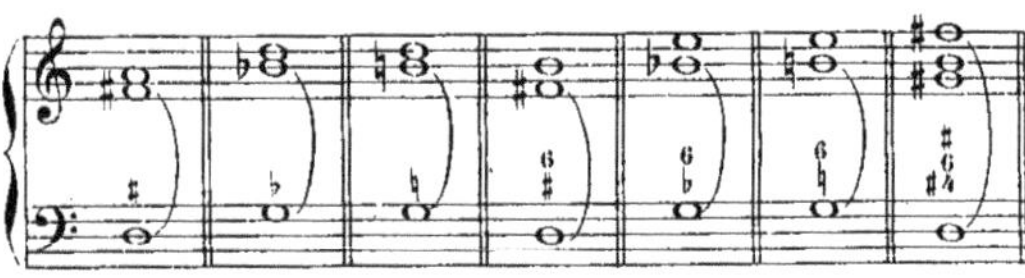

§ 6.—*Tout accident non suivi de chiffre* s'applique invariablement à la *tierce:* le 3 est *sous-entendu.*

§ 7.—*D'autres signes* peuvent encore être associés aux chiffres; les principaux sont:

1°.— Le signe de *diminution* des intervalles, qui consiste en une *petite barre* traversant obliquement le chiffre;

2°.— La *petite croix* représentant la *note-sensible* dans certains accords.

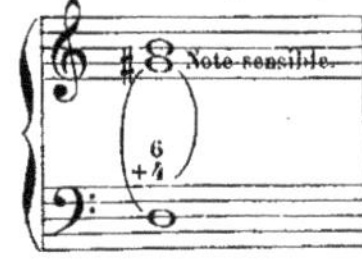

3°.— La *barre de continuité,* qui consiste en une ligne horizontale tirée à la suite du chiffre.

Cette barre indique que *l'accord* représenté par le chiffre d'où elle part doit être *continué* aussi longtemps qu'elle subsiste.

Une *note* se *prolongeant* à l'une des parties supérieures, comme appartenant à *plusieurs accords successifs,* peut être représentée par la *barre de continuité.*

CHIFFRAGE des ACCORDS de TROIS SONS
à l'état fondamental

§ 8.—En général, *l'accord parfait majeur* et *l'accord parfait mineur* se chiffrent par un 5;

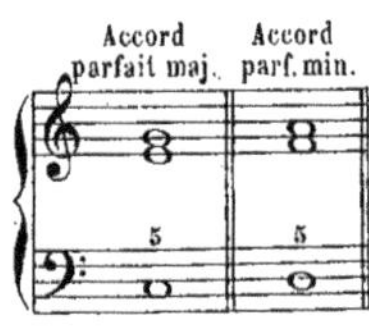

l'accord de quinte diminuée, par ↗.

Mais pour déterminer *certaines dispositions de leurs notes supérieures,* on peut les chiffrer des diverses manières suivantes:

1°.— Pour indiquer qu'il faut mettre la *tierce* à la partie supérieure, on peut chiffrer un accord parfait par 3 ou $\frac{3}{8}\frac{}{5}$

Si, dans cette position, on veut la *suppression de l'octave,* on chiffre l'accord parfait par $\frac{3}{5}$ ou $\frac{3}{0}\frac{}{5}$

Si c'est la *quinte* que l'on en veut *supprimer,* on le chiffre par $\frac{3}{8}$ ou $\frac{3}{8}\frac{}{0}$

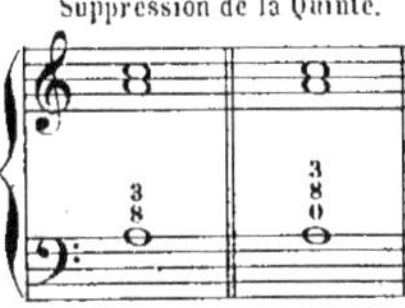

2°.— Pour indiquer qu'il faut mettre l'*octave* à la première partie on peut chiffrer un accord parfait par 8 ou $\frac{8}{5}\frac{}{3}$

Si, dans cette position, on veut la *suppression de la quinte,* on chiffre l'accord parfait par $\frac{8}{3}$ ou $\frac{8}{0}\frac{}{3}$

Si l'on voulait la *suppression de la tierce* (ce qui est fort rare) il faudrait chiffrer par $\frac{8}{5}\frac{}{0}$ ou par $\frac{8}{0}$, selon qu'on voudrait la *quinte* ou qu'on ne la voudrait pas.

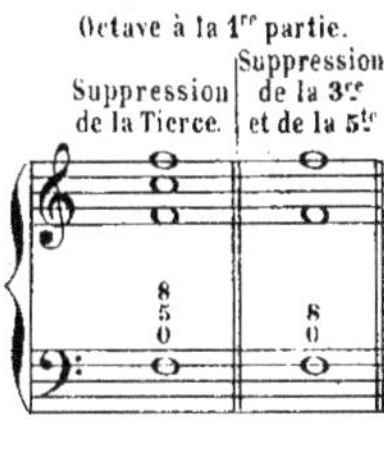

3°.— Pour indiquer qu'on veut la *quinte* à la partie supérieure et seulement la *tierce* comme note intermédiaire, on chiffre l'accord parfait par $\frac{5}{3}\frac{}{0}$

Si l'on voulait la *suppression de la tierce* (ce qui est fort rare) il faudrait chiffrer par $\frac{5}{0}\frac{}{8}$ ou par $\frac{5}{0}$, selon qu'on voudrait l'octave ou qu'on ne la voudrait pas.

§ 9.—Il arrive souvent *qu'on ne chiffre pas du tout l'accord parfait.* En conséquence, *toute note de basse* qui n'est surmontée ni d'un chiffre, ni d'un signe quelconque servant à indiquer un accord, *porte* nécessairement, *l'accord parfait.*

DISPOSITIONS DIVERSES des ACCORDS PARFAITS

§ **10.**—Pour exécuter, au piano, un *accord parfait* majeur ou mineur, on peut prendre l'u-
ne *des dispositions* suivantes:

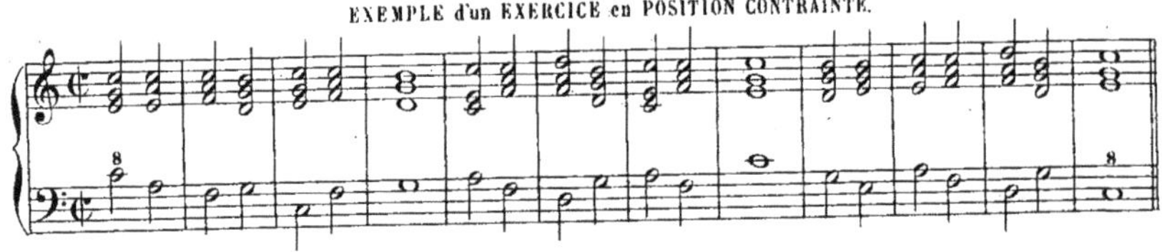

(En *bémolisant* le mi, on obtiendra l'accord parfait *mineur*.)

RÉALISATION des PREMIERS EXERCICES

§ **11.**—La réalisation des accords parfaits à *trois parties,* de même que l'emploi des *positions larges,* exigeant une certaine habileté, on ne se servira d'abord, le plus souvent, que des
positions serrées à *quatre parties.*

§ **12.**—Chaque exercice, sera fait, autant que possible, *dans tous les tons marqués,* et dans
les *deux trois* ou *quatre positions* données comme exemples et servant de point de départ.

§ **13.**—Sauf exception, chacune de ces positions est *contrainte; c'est-à-dire qu'elle est con-
servée* d'un bout à l'autre de l'exercice, de manière à ce que *la main droite s'éloigne le moins
possible* de la *position du premier accord,* qui doit être aussi *celle du dernier.*

§ **14.**—Le *chiffrage* du premier accord de chaque exercice détermine la *position* par laquelle on doit le commencer.

EXEMPLE d'un EXERCICE en POSITION CONTRAINTE.

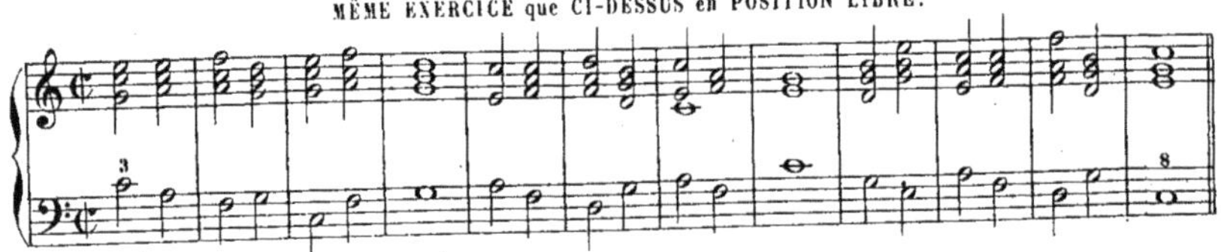

§ **15.**—Quant aux *leçons* qui servent de *résumés* aux exercices, après les avoir accompagnées
dans les *positions contraintes* demandées, il sera bon de les jouer en *position libre,* c'est-à-dire:
en ayant la faculté de *s'éloigner* plus ou moins de la *position première,* soit dans le *courant
de la leçon,* soit *pour finir.*

(La *position libre* permet d'obtenir une première partie *plus chantante, plus variée;* et d'éviter ainsi la
monotonie qui est inséparable de *toute position contrainte.*)

MÊME EXERCICE que CI-DESSUS en POSITION LIBRE.

PREMIÈRE PARTIE

HARMONIE CONSONANTE

1ère SÉRIE D'EXERCICES

ACCORDS PARFAITS du 1er et du 5me DEGRÉ (de 1er ordre) (*)

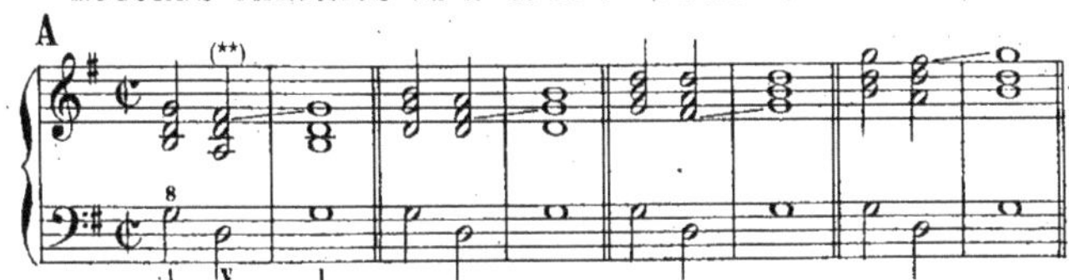

ACCORDS PARFAITS du 1er et du 4me DEGRÉ (de 1er ordre) (*)

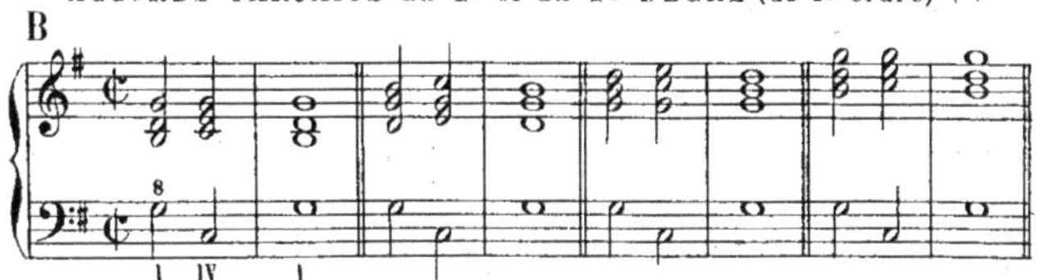

(*) Traité d'harmonie, pages 33, 34, 37, 39, 40, 64 et 65.

(**) Se rappeler que toute note *non-chiffrée* doit porter un accord parfait (§ 9) et remarquer que, dans l'enchaînement du 5me degré au 1er, la *note sensible* (tierce de la dominante) monte d'*un demi-ton* sur la tonique. (Traité d'harmonie, § 137.)

ACCORDS PARFAITS des 1er, 4me et 5me DEGRÉS (de 1er ordre)

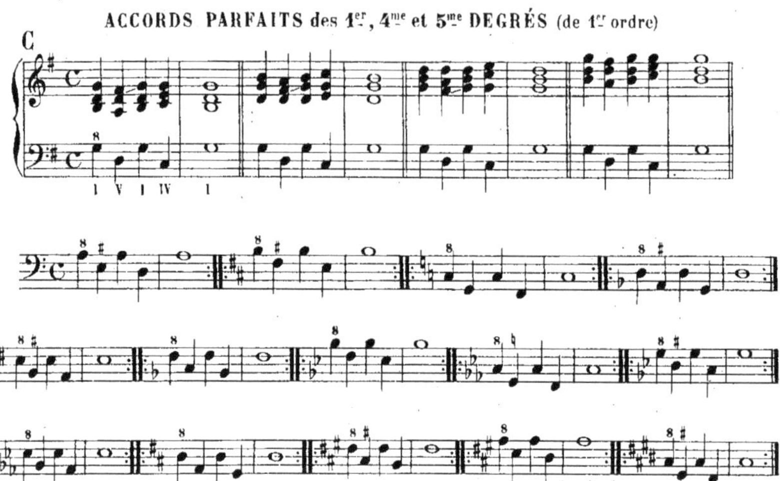

ENCHAÎNEMENT du 4me au 5me DEGRÉ

(*) Cette *octave directe* qui, en majeur, est amenée par le *demi-ton ascendant*, arrive, *en mineur*, par le mouvement mélodique de *seconde majeure*. Cette licence est *tolérée*, dans l'accompagnement au piano, sur une basse *montant de quarte*, et surtout en allant de la *tonique* à la *sous-dominante*.

Cependant, en *position libre*, il serait préférable de *l'éviter*, en pratiquant le *mouvement contraire*.

ACCORD PARFAIT du 6me DEGRÉ (de 2me ordre)
E
ACCORD PARFAIT du 2me DEGRÉ (Mode majeur)............
ACCORD de QUINTE DIMINUÉE du 2me DEGRÉ (Mode mineur)} (de 2me ordre)
F
ACCORDS des 2me et 6me DEGRÉS (de 2me ordre)
G

(*) Remarquer que, dans cet enchaînement, *nous doublons la tierce du 6me degré*, plutot que d'en doubler la basse, afin de *faire monter la note sensible à la tonique*, tout en évitant les *quintes* et les *octaves consécutives*. (Traité d'harmonie § 179.)

ACCORD de QUINTE DIMINUÉE du 7me DEGRÉ (de 3me ordre)

J

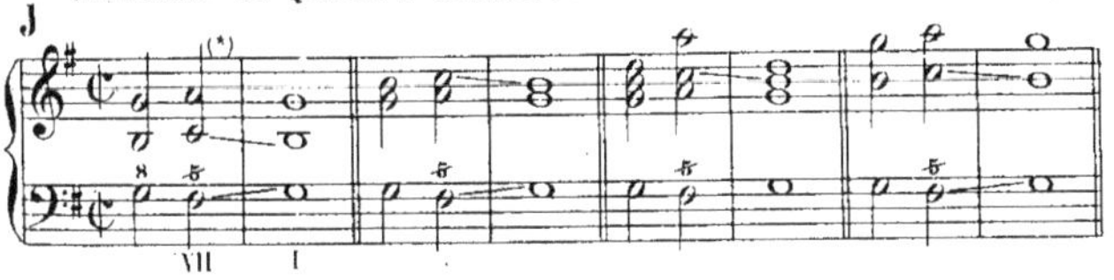

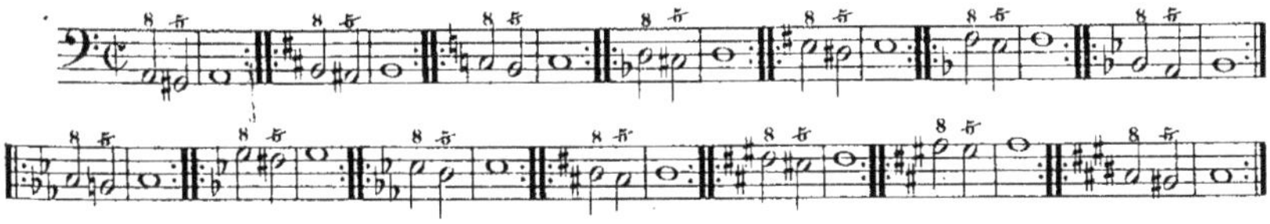

K ENCHAÎNEMENT du 5me DEGRÉ au 7me

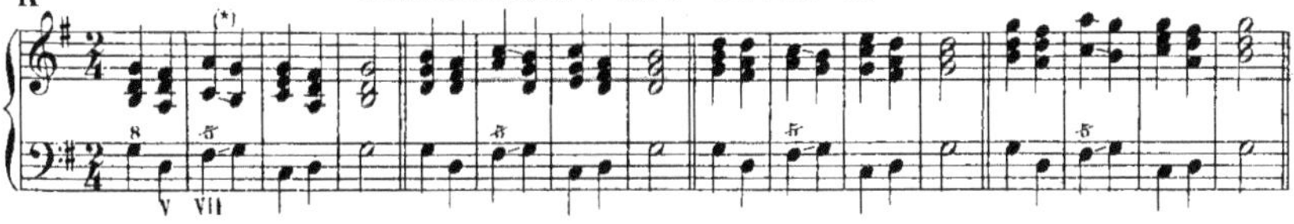

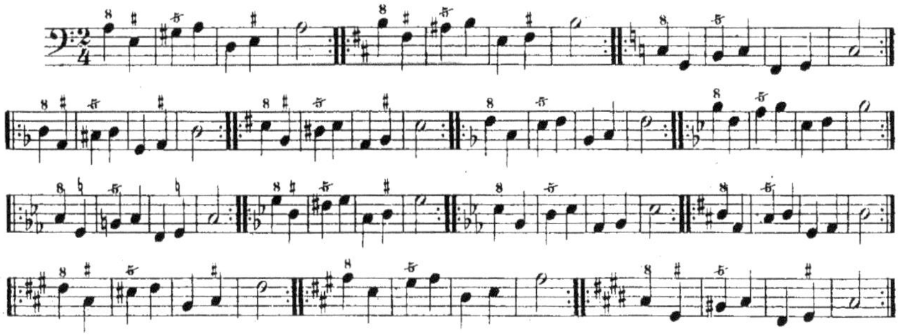

LEÇONS

résumant les *Exercices* de la 1re Série

à exécuter dans *trois positions contraintes* et *une position libre*.

N° 1.

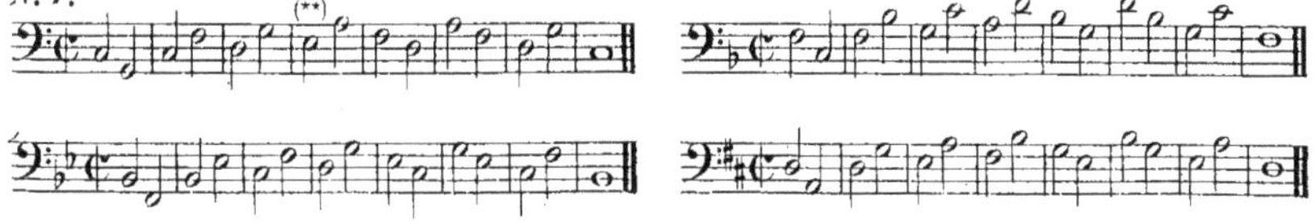

(*) L'accord de *quinte diminuée du 7e degré* contient les *deux notes attractives*, savoir: — 1° la *note sensible* (fondamentale de l'accord) qui *monte à la tonique*; — 2° le 4e *degré* (sa quinte diminuée) qui doit *descendre de seconde*. (Traité d'harmonie, § 136). Cet accord se joue le plus souvent à *trois parties* seulement: la *tierce* étant la seule note qui soit *bonne à doubler*.

(**) Malgré la *tolérance* consignée au bas de la page 8, il est mieux, ici, d'éviter l'*octave directe à la partie supérieure* dans cette position:

A ÉVITER

en *supprimant* l'octave du second accord.

MEILLEUR

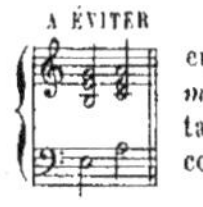

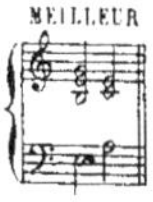

12
N.º 2.
N.º 3.
N.º 4.
N.º 5.
N.º 6.
A.L.6703.

CHIFFRAGE des ACCORDS de SIXTE

§ 16.—Les *accords de sixte* se chiffrent, généralement, par 6, quelle que soit leur position.

Mais pour mieux préciser *certaines dispositions de leurs notes supérieures*, on peut les chiffrer des diverses manières suivantes:

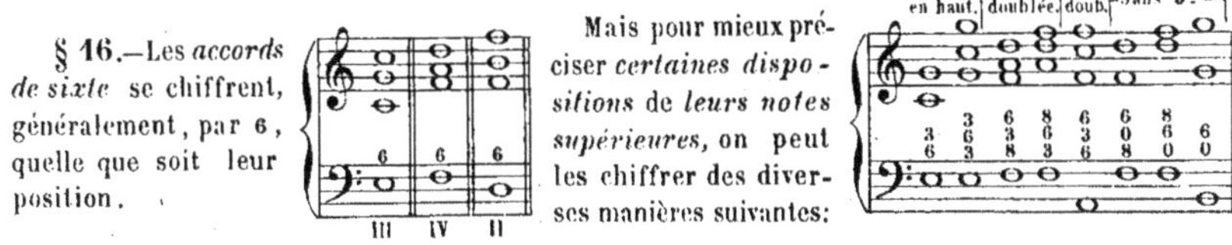

2me SÉRIE D'EXERCICES

ACCORD de SIXTE du 3me DEGRÉ

RENVERSEMENT *de l'ACCORD PARFAIT du 1er DEGRÉ* (de 1er ordre)

ACCORD de SIXTE du 7me DEGRÉ

RENVERSEMENT de L'ACCORD PARFAIT du 5me DEGRÉ (de 1er ordre)

ACCORD de SIXTE du 6me DEGRÉ

RENVERSEMENT de L'ACCORD PARFAIT du 4me DEGRÉ (de 1er ordre)

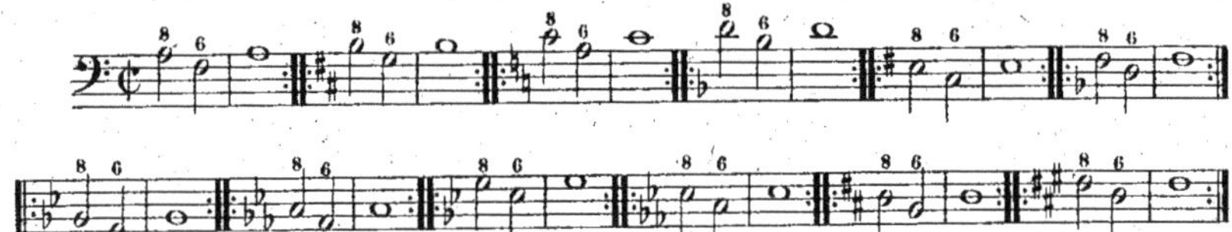

ENCHAÎNEMENT des ACCORDS de SIXTE du 6me et du 7me DEGRÉ

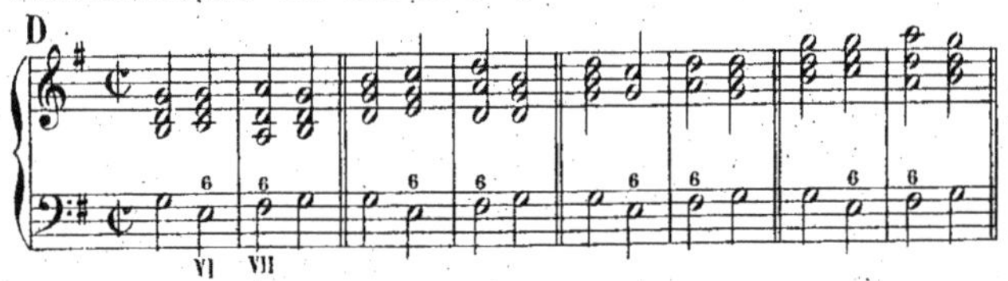

ENCHAÎNEMENT des ACCORDS de SIXTE du 6ᵐᵉ et du 3ᵐᵉ DEGRÉ

ENCHAÎNEMENT des ACCORDS de SIXTE du 3ᵐᵉ et du 7ᵐᵉ DEGRÉ

ENCHAÎNEMENT de l'ACCORD PARFAIT du 1ᵉʳ DEGRÉ
à l'accord de Sixte du 3ᵐᵉ (son premier renversement) *et vice versa*
pour aboutir à la Dominante

ENCHAÎNEMENT de l'ACCORD PARFAIT du 5.me DEGRÉ
à l'accord de Sixte du 7.me (son premier renversement) et *vice versa*
pour aboutir à la Tonique

H

ENCHAÎNEMENT de l'ACCORD PARFAIT du 4.me DEGRÉ
à l'accord de Sixte du 6.me (son premier renversement) et *vice versa*
pour aboutir à la Tonique

I

ACCORD de SIXTE du 4.me DEGRÉ
RENVERSEMENT de l'ACCORD du 2.^d DEGRÉ (de 2.me ordre)

J

ENCHAÎNEMENT des ACCORDS de SIXTE du 3me et du 4me DEGRÉ

ENCHAÎNEMENT de l'ACCORD de SIXTE du 4me DEGRÉ
à son accord fondamental (l'accord du 2^{d} degré)
pour aboutir à la Dominante

ACCORD de SIXTE du 2^{d} DEGRÉ
RENVERSEMENT de l'ACCORD de QUINTE DIMINUÉE du 7me DEGRÉ (de 3me ordre)
s'enchaînant à l'accord de Sixte du 3me degré

(*) Ces *deux unissons* qui seraient *fautifs* en écrivant pour *plusieurs voix* ou *plusieurs instruments* ne le sont pas au *piano* ou à l'*orgue*.

ENCHAÎNEMENT de l'ACCORD de SIXTE du 2^d DEGRÉ
à l'accord parfait de la Tonique

(V. Traité d'Harmonie, § 155.)

ENCHAÎNEMENT de l'ACCORD de SIXTE du 2^d DEGRÉ
à l'accord de Quinte diminuée du 7me degré (son accord fondamental)
pour aboutir à la Tonique

ENCHAÎNEMENT de l'ACCORD de QUINTE DIMINUÉE du 7me DEGRÉ
à l'accord de Sixte du 2^d degré (son renversement)
pour aboutir à l'accord de Tonique

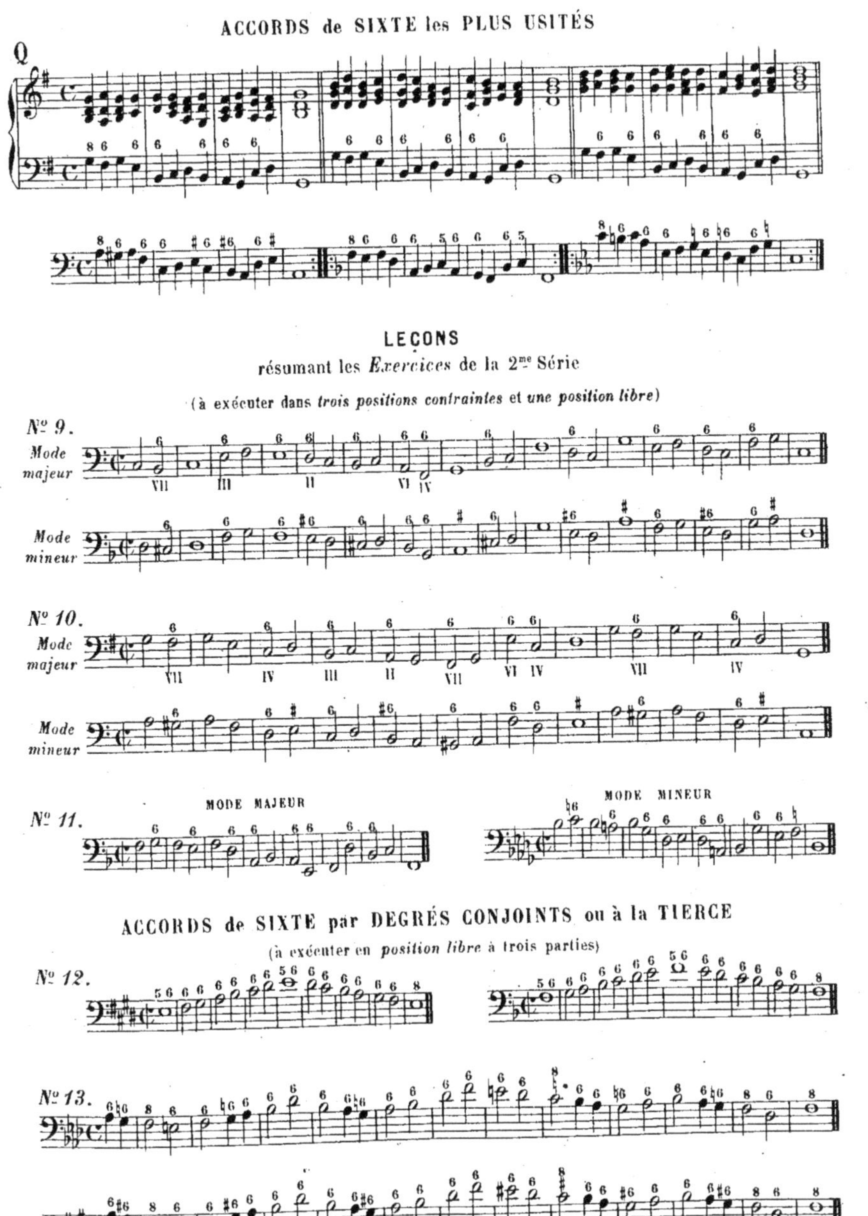
ACCORDS de SIXTE les PLUS USITÉS
Q
LEÇONS
résumant les Exercices de la 2me Série
(à exécuter dans trois positions contraintes et une position libre)
N.º 9.
Mode majeur
Mode mineur
N.º 10.
Mode majeur
Mode mineur
N.º 11.
MODE MAJEUR
MODE MINEUR
ACCORDS de SIXTE par DEGRÉS CONJOINTS ou à la TIERCE
(à exécuter en position libre à trois parties)
N.º 12.
N.º 13.
A.L.6703.

CHIFFRAGE des ACCORDS de QUARTE et SIXTE

§ **17.**— Les accords de *quarte et sixte* se chiffrent, généralement, par $\frac{6}{4}$, quelle que soit leur position.

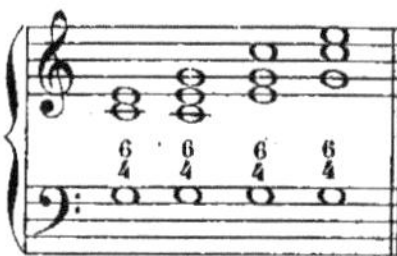

L'accord de *quarte augmentée et sixte* du 4me degré peut se chiffrer par $_+\frac{6}{4}$. (La petite croix indique que la quarte est la note sensible)

Pour mieux préciser *certaines dispositions de leurs notes supérieures* on peut encore les chiffrer des diverses manières suivantes:

3me SÉRIE D'EXERCICES

ACCORD de QUARTE et SIXTE du 1er DEGRÉ
RENVERSEMENT de l'ACCORD PARFAIT du 4e DEGRÉ (de 1er ordre)

ACCORD de QUARTE et SIXTE du 2^d DEGRÉ
RENVERSEMENT de l'ACCORD PARFAIT du 5e DEGRÉ (de 1er ordre)
(V. Traité d'Harmonie, §§ 169 et 170)

ACCORD de QUARTE et SIXTE du 5ᵐᵉ DEGRÉ

RENVERSEMENT de l'ACCORD PARFAIT du 1ᵉʳ DEGRÉ (de 1ᵉʳ ordre)

ACCORDS de QUARTE et SIXTE les PLUS USITÉS

LEÇONS
résumant les *Exercices* précédents (A. B. C. D.)

(à exécuter dans trois positions contraintes et une position libre)

ACCORD de QUARTE AUGMENTÉE et SIXTE du 4ᵐᵉ DEGRÉ
RENVERSEMENT de l'ACCORD de QUINTE DIMINUÉE du 7ᵐᵉ DEGRÉ (de 3ᵐᵉ ordre)
(V. Traité d'Harmonie, § 172)

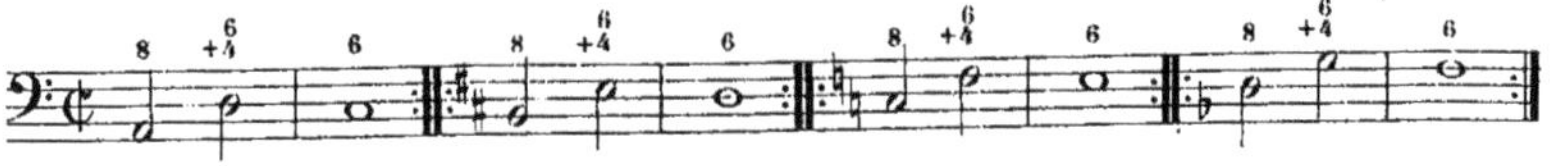

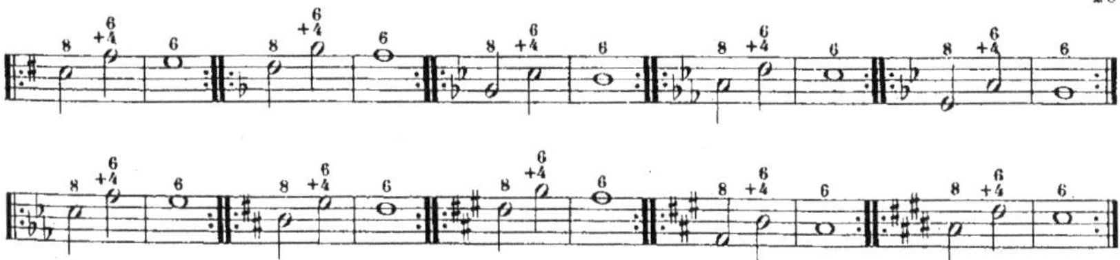

LECON

(à exécuter dans *trois positions contraintes* et une *position libre*)

N.º *17.*

ACCORD de QUARTE AUGMENTÉE et SIXTE du 6.ᵐᵉ DEGRÉ (*Mode mineur)*

RENVERSEMENT de l'ACCORD de QUINTE DIMINUÉE du 2.ᵈ DEGRÉ (de 2.ᵐᵉ ordre)

(V. Traité d'Harmonie, § 173)

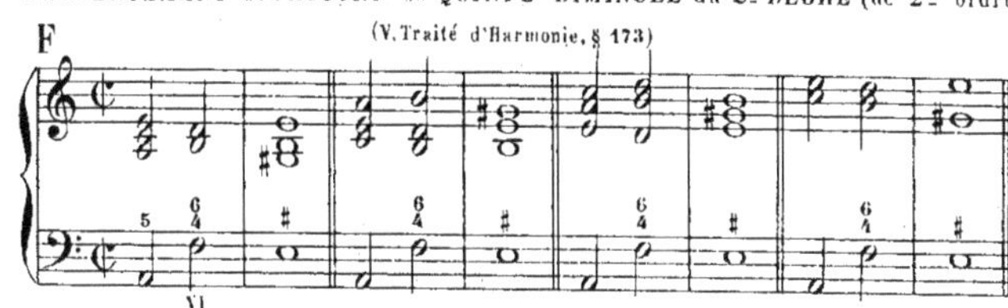

LECON

à exécuter dans *deux positions contraintes et une position libre*

N.º *18.*

A.L.6703.

4me SÉRIE D'EXERCICES

ACCORDS BRISÉS ou ARPÉGÉS

(V. Traité d'Harmonie, p. 73 et suivantes)

ACCORD PARFAIT du 1er DEGRÉ

ACCORD PARFAIT du 5me DEGRÉ

A I 6703.

C
ACCORD PARFAIT du 4me DEGRÉ
IV
D
ACCORD PARFAIT du 6me DEGRÉ
VI
MODE MAJEUR — ACCORD PARFAIT MINEUR
MODE MINEUR — ACCORD de QUINTE DIMINUÉE } du 2d degré
E
II

(*) Ces deux octaves peuvent être *tolérées*, au piano, entre la *basse* et l'une *des parties du milieu*, bien que la note intermédiaire soit de *courte durée*; parce que les *deux notes* formant la 1re octave *ne sont pas articulées ensemble*, la 2de n'arrivant qu'au *temps faible*.

J
ACCORD de SIXTE du 2ᵈ DEGRÉ
K
ACCORD de QUARTE et SIXTE du 1ᵉʳ DEGRÉ
L
ACCORD de QUARTE et SIXTE du 5ᵐᵉ DEGRÉ
M
ACCORD de QUARTE et SIXTE du 2ᵈ DEGRÉ

LEÇONS

résumant les *Exercices* de la 4me Série

(à exécuter en *position libre*)

TRANSPOSITION de la BASSE CHIFFRÉE [*]

§ 18.— Pour *transposer* une *basse chiffrée* à la lecture, on doit, tout d'abord, déterminer la *clé* sur laquelle elle doit être lue, selon que la transposition a lieu à *tel* ou *tel intervalle*, au-dessus ou au-dessous de la chose écrite.

Puis, on doit supposer à la clé les *signes d'altération*, dièses ou bémols, qui sont nécessaires pour obtenir la *tonalité* qu'on a choisie.

Enfin, il faut se dire, à l'avance, devant *quelles notes* et en *quel sens* les *accidents* devront être *changés*, s'il s'en présente, soit dans la *basse*, soit dans les *parties supérieures* représentées par les chiffres.

Voici les règles relatives à ces *changements d'accidents:*

§ 19.— 1º Lorsque la transposition oblige à *ajouter* à la clé un ou plusieurs *dièses,* ou à en *retrancher* un ou plusieurs *bémols,* ou, à la fois, à en *retrancher* un ou plusieurs *bémols,* pour y *ajouter* un ou plusieurs *dièses;* on doit prendre, *dans l'ordre des dièses* (fa, do, sol, ré, la, mi, si) *autant de notes* qu'il y a eu de *bémols retranchés* et de *dièses ajoutés,* et *hausser* d'un demi-ton chromatique chacun des accidents qui peuvent se rencontrer devant ces notes de manière à remplacer le ♭ par le ♮, le ♮ par le ♯, le ♯ par le ✕, le ♭♭ par le ♭ .

2º Si, au contraire, la transposition oblige à *ajouter* à la clé un ou plusieurs *bémols,* ou à en *retrancher* un ou plusieurs *dièses,* ou, à la fois, à en *retrancher* un ou plusieurs *dièses* pour y *ajouter* un ou plusieurs *bémols,* on doit prendre, *dans l'ordre des bémols* (si, mi, la, ré, sol, do, fa) *autant de notes* qu'il y a eu de *dièses retranchés* et de *bémols ajoutés,* et *baisser* d'un demi-ton chromatique chacun des accidents qui peuvent se rencontrer devant ces notes, de manière à remplacer le ♯ par le ♮, le ♮ par le ♭, le ♭ par le ♭♭, le ✕ par le ♯ .

Le tableau suivant contient les règles qui sont spéciales à chaque transposition.

Pour transposer	Substituer		Hausser d'un ½ ton chromatique les *accidents* placés devant les notes.	Baisser d'un ½ ton chromatique les *accidents* placés devant les notes.
	à la Clé de *FA* 4ᵐᵉ	à la Clé de *DO* 4ᵐᵉ		
à la 2ᵈᵉ *mineure supérieure* ou 7ᵐᵉ majeure inférieure (5 bémols de plus ou 5 dièses de moins)	la Clé de DO 2ᵈᵉ	la Clé de SOL		*Si, Mi, La, Ré, Sol.*
à la 2ᵈᵉ *majeure supérieure* ou 7ᵐᵉ mineure inférieure (2 dièses de plus ou 2 bémols de moins)	id.	id.	*Fa, Do.*	
à la 3ᶜᵉ *mineure supérieure* ou 6ᵗᵉ majeure inférieure (3 bémols de plus ou 3 dièses de moins)	la Clé de FA 3ᵐᵉ	la Clé de DO 3ᵐᵉ		*Si, Mi, La.*
à la 3ᶜᵉ *majeure supérieure* ou 6ᵗᵉ mineure inférieure (4 dièses de plus ou 4 bémols de moins)	id.	id.	*Fa, Do, Sol, Ré.*	
à la 4ᵗᵉ *juste supérieure* ou 5ᵗᵉ juste inférieure (1 bémol de plus ou 1 dièse de moins)	la Clé de DO 1ʳᵉ	la Clé de FA 4ᵐᵉ		*Si.*
à la 4ᵗᵉ *augmentée supérieure* ou 5ᵗᵉ diminuée inférieure (6 dièses de plus ou 6 bémols de moins)	id.	id.	*Fa, Do, Sol, Ré, La, Mi.*	
à la 5ᵗᵉ *diminuée supérieure* ou 4ᵗᵉ augmentée inférieure (6 bémols de plus ou 6 dièses de moins)	la Clé de DO 4ᵐᵉ	la Clé de DO 2ᵐᵉ		*Si, Mi, La, Ré, Sol, Do.*
à la 5ᵗᵉ *juste supérieure* ou 4ᵗᵉ juste inférieure (1 dièse de plus ou 1 bémol de moins)	id.	id.	*Fa.*	
à la 6ᵗᵉ *mineure supérieure* ou 3ᶜᵉ majeure inférieure (4 bémols de plus ou 4 dièses de moins)	la Clé de SOL	la Clé de FA 3ᵐᵉ		*Si, Mi, La, Ré.*
à la 6ᵗᵉ *majeure supérieure* ou 3ᶜᵉ mineure inférieure (3 dièses de plus ou 3 bémols de moins)	id.	id.	*Fa, Do, Sol.*	
à la 7ᵐᵉ *mineure supérieure* ou 2ᵈᵉ majeure inférieure (2 bémols de plus ou 2 dièses de moins)	la Clé de DO 3ᵐᵉ	la Clé de DO 1ʳᵉ		*Si, Mi.*
à la 7ᵐᵉ *majeure supérieure* ou 2ᵈᵉ mineure inférieure (5 dièses de plus ou 5 bémols de moins)	id.	id.	*Fa, Do, Sol, Ré, La.*	

Ajoutons que, pour transposer à *un demi-ton chromatique* au-dessus (7 dièses de plus ou 7 bémols de moins) ou au-dessous, (7 bémols de plus ou 7 dièses de moins) la *clé ne doit pas être changée*, et que *tous les accidents* doivent être *haussés* dans le premier cas, et *baissés* dans le second.

A.L.6703.

5ᵐᵉ SÉRIE D'EXERCICES

EXERCICE
contenant des *Formules de Cadences* parfaite, imparfaite, rompue,
plagale et à la dominante.

(à exécuter dans *trois positions contraintes* et en différents tons)

EXERCICES
sur les *Marches d'Harmonie* unitoniques

ACCORDS FONDAMENTAUX

(à exécuter, sauf indication contraire, dans *trois positions libres* et en différents tons)

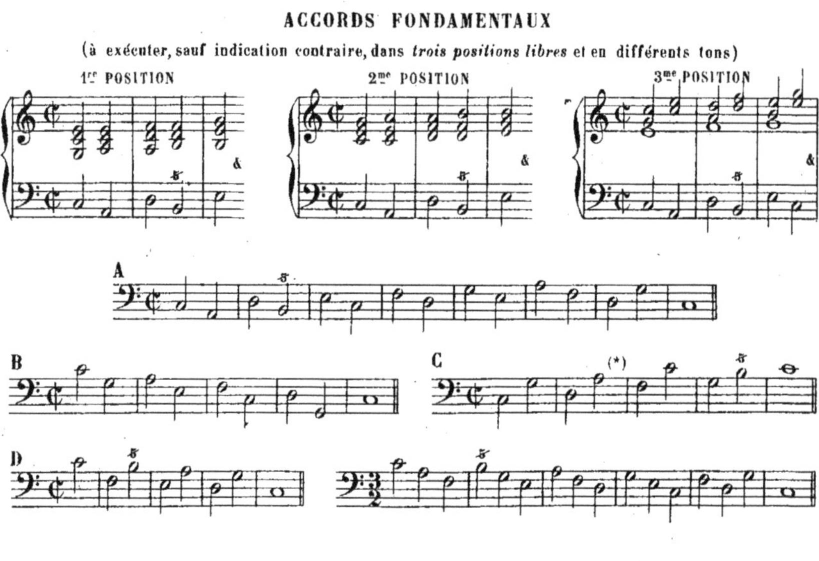

(*) Ici, la marche est *irrégulière*, puisque la basse descend seulement d'une *tierce* au lieu de descendre d'une *quarte*.
(Voir à ce sujet le § 294 de notre Traité d'Harmonie)

PREMIER RENVERSEMENT

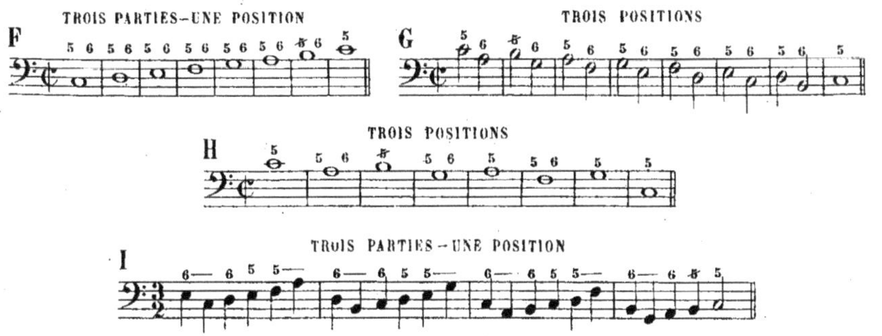

LEÇONS.

contenant des Marches d'Harmonie unitoniques

(à exécuter en *position libre* et dans différents tons)

§ **20.**— Lorsqu'on joue, en *position contrainte,* une leçon contenant une ou plusieurs *Marches d'harmonie;* on peut, pour conserver la *symétrie* qui caractérise les marches, s'*éloigner,* momentanément, de la *position première;* sauf à y revenir dès qu'un passage favorable à ce retour se présente.

§ **21.**— Un autre système, également bon (sinon meilleur), consiste à jouer une leçon de *trois manières absolument différentes,* sans pour cela, s'obliger à revenir à la position première.

LEÇONS
à exécuter en *position libre*

MODULATION AUX TONS VOISINS
d'un ton primitif principal donné
opérées au moyen de l'*accord parfait* de la *dominante*
à l'état fondamental ou renversé.

(V. Traité d'Harmonie p.133 et suivantes)

ÉTAT FONDAMENTAL
DO MAJEUR — TON PRIMITIF PRINCIPAL

DO MINEUR — TON PRIMITIF PRINCIPAL

PREMIER RENVERSEMENT (Accord de Sixte du 7ᵐᵉ degré)
DO MAJEUR — TON PRIMITIF PRINCIPAL

DO MINEUR — TON PRIMITIF PRINCIPAL

SECOND RENVERSEMENT (Accord de Quarte et Sixte du 2ᵐᵉ degré)
LA MINEUR — TON PRIMITIF PRINCIPAL

MODULATIONS AUX TONS VOISINS
d'un ton primitif principal donné
opérées au moyen de l'accord de Quinte diminuée du 7ᵐᵉ degré
fondamental ou renversé.

(V. Traité d'Harmonie § 405)

ÉTAT FONDAMENTAL

FA MAJEUR — TON PRIMITIF PRINCIPAL

PREMIER RENVERSEMENT (Accord de Sixte du 2ᵈ degré)

RÉ MINEUR — TON PRIMITIF PRINCIPAL

SECOND RENVERSEMENT (Accord de Quarte augmentée et Sixte du 4ᵐᵉ degré)

RÉ MAJEUR — TON PRIMITIF PRINCIPAL

MODULATIONS ENTRE TONS VOISINS
préparées au moyen d'accords mixtes

(accords appartenant à la fois au *ton* que l'on quitte et à *celui* où l'on va.)

(V. Traité d'Harmonie, p. 139 et 140)

TONS ÉLOIGNÉS

MODULATIONS par le CHANGEMENT de MODE
de l'accord du 1ᵉʳ degré fondamental ou renversé

(V. Traité d'Harmonie, p.141)

Nº 33.

MODE MINEUR
abordé par l'un des accords du 2ᵐᵉ, du 4ᵐᵉ ou du 6ᵐᵉ degré (fondamental ou renversé.)

MODE MAJEUR
abordé par le 1ᵉʳ renversement du 4ᵐᵉ degré (Accord de Sixte du 6ᵐᵉ)

(V. Traité d'Harmonie, p.142 et 143)

Nº 34.

MODULATIONS par l'ÉQUIVOQUE

(V. Traité d'Harmonie, p. 144 à 146)

MODULATIONS
provoquées par l'accord de Quarte et Sixte sans préparation

(V. Traité d'Harmonie, p. 147)

ENHARMONIE

(V. Traité d'Harmonie p.148 et 149)

6me SÉRIE D'EXERCICES

MARCHES MODULANTES

(V. Traité d'Harmonie, p.150 et 151)

· ACCORDS FONDAMENTAUX

A.L.6703.

RENVERSEMENTS

MARCHES DESCENDANTES

CADENCE ÉVITÉE
(V. Traité d'Harmonie, p. 154)
Moderato.
Nº 40.

LEÇONS SPÉCIALES

sur chacun des Etats des Accords de 3 sons

ÉTAT FONDAMENTAL

(*) Même rythme à la main droite qu'à la basse.

A.L.6701.

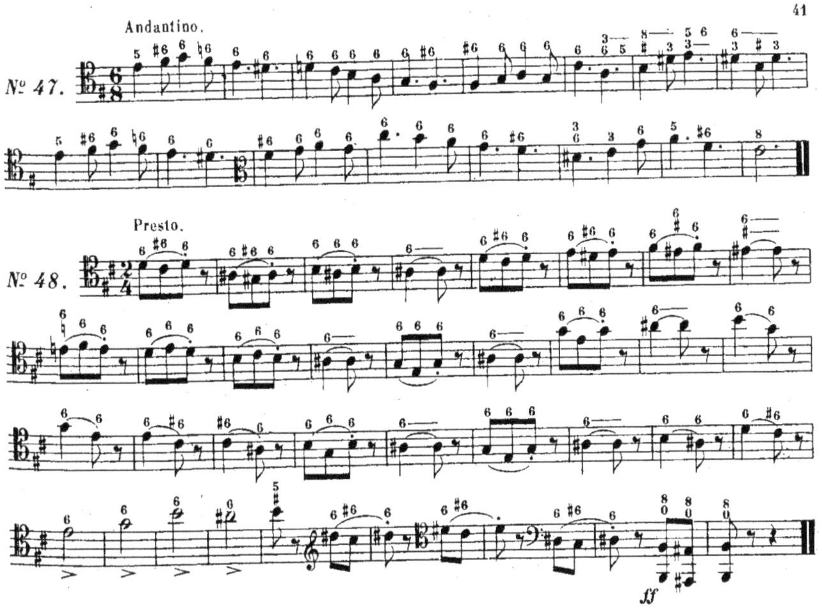

Andantino.

№ 47.

Presto.

№ 48.

SECOND RENVERSEMENT

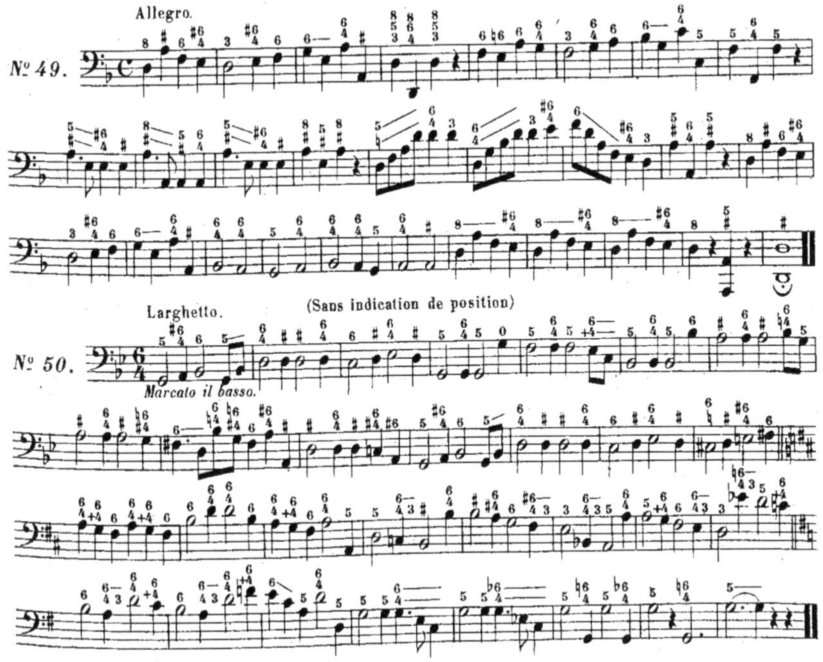

Allegro.

№ 49.

Larghetto. (Sans indication de position)

№ 50.

CONTREPOINTS RENVERSABLES

(V. Traité d'Harmonie, p. 204)

La leçon suivante est presque entièrement composée en contrepoints renversables. Ainsi, les mesures 1, 2, 3, 4 de la *basse* peuvent être placées à la *partie supérieure* sur les mesures 5, 6, 7, 8 et *vice-versa;* les mesures 9, 10, 11 et 12 se combinent de la même manière avec les mesures 13, 14, 15, 16 : et ainsi de suite, de 4 en 4 mesures, de 2 en 2, ou mesure par mesure.

A.L.6703.

LEÇON
à exécuter en position libre d'après un Théme donné
Moderato
Nº 54.
A.L.6703.

NOTES de PASSAGE et BRODERIES

(V. Traité d'Harmonie, p. 183 et suivantes.)

7ᵐᵉ SÉRIE D'EXERCICES

ACCORDS DE TROIS SONS FONDAMENTAUX

MESURES SIMPLES A DEUX ET QUATRE TEMPS

(*) Ici, notre chiffrage n'indique pas la 1ʳᵉ position de l'accord.

A.L.6703.

E
F
G
MARCHE MODULANTE
H

MARCHES UNITONIQUES

(à exécuter dans toutes les positions indiquées et en différents tons)

MESURE SIMPLE A TROIS TEMPS

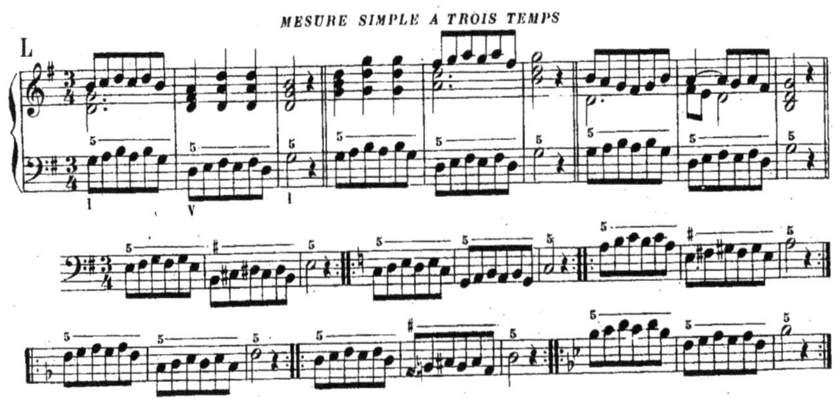

(*) Broderie inférieure à *un demi-ton* de sa note principale (V. Traité d'Harmonie § 537)

MARCHES D'HARMONIE

(à exécuter en différents tons et dans toutes les positions marquées)

MARCHES UNITONIQUES

MARCHES UNITONIQUES en DIFFÉRENTS RYTHMES

8me SÉRIE D'EXERCICES

ACCORDS DE SIXTE

MESURES SIMPLES A DEUX ET A QUATRE TEMPS

D
MESURE SIMPLE A TROIS TEMPS
E
F

52
G 
H 
Après avoir joué les exercices suivants dans les tons marqués on devra les transposer
à la seconde majeure supérieure et dans tels autres tons qu'on voudra.
I
MARCHES MODULANTES
J
A.L.6703.

MARCHES UNITONIQUES A IMITATIONS

(V. Traité d'Harmonie p.200 et suivantes.)

Après avoir joué ces exercices dans les tons *marqués* on devra les transposer
à la *tierce majeure inférieure* et dans tels autres tons qu'il conviendra.

(*) Ici, la suite de Sixtes est préférable à celle de tierces un peu dure. Si le *sol* de la basse etait *diésé*, cette suite de tierces ne produirait aucune dureté.

O

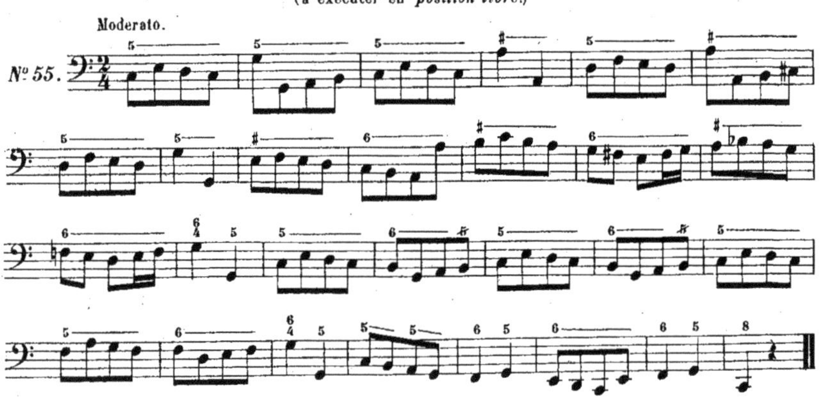

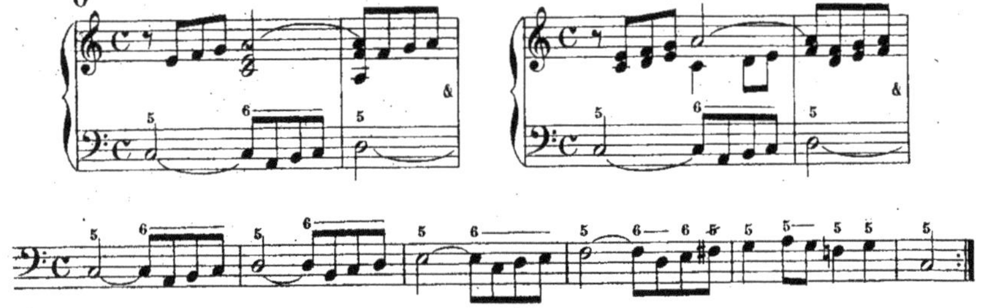

P

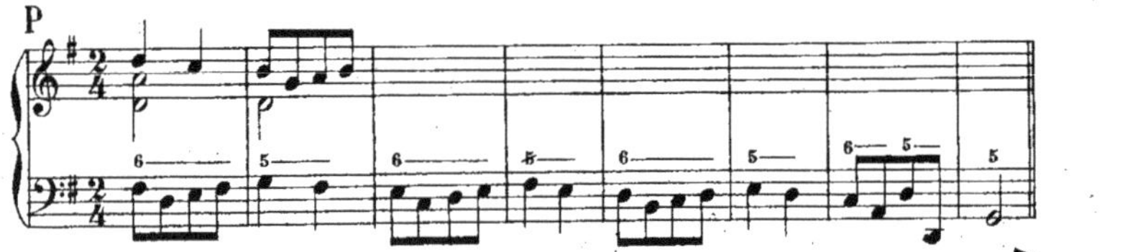

Q

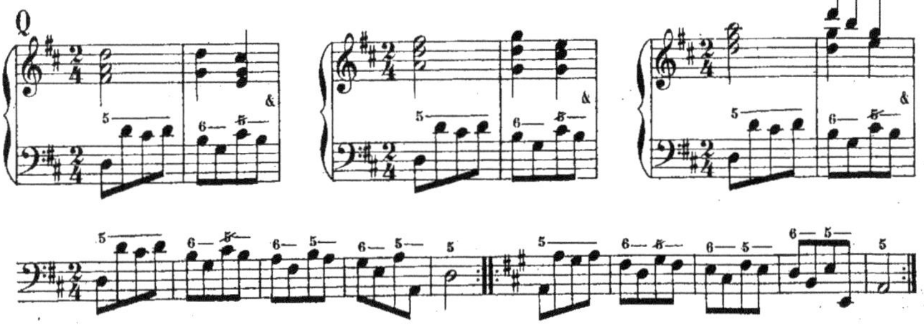

LEÇONS

résumant les 7me et 8me Séries d'*Exercices*

(à exécuter en *position libre.*)

Moderato.

Nº 55.

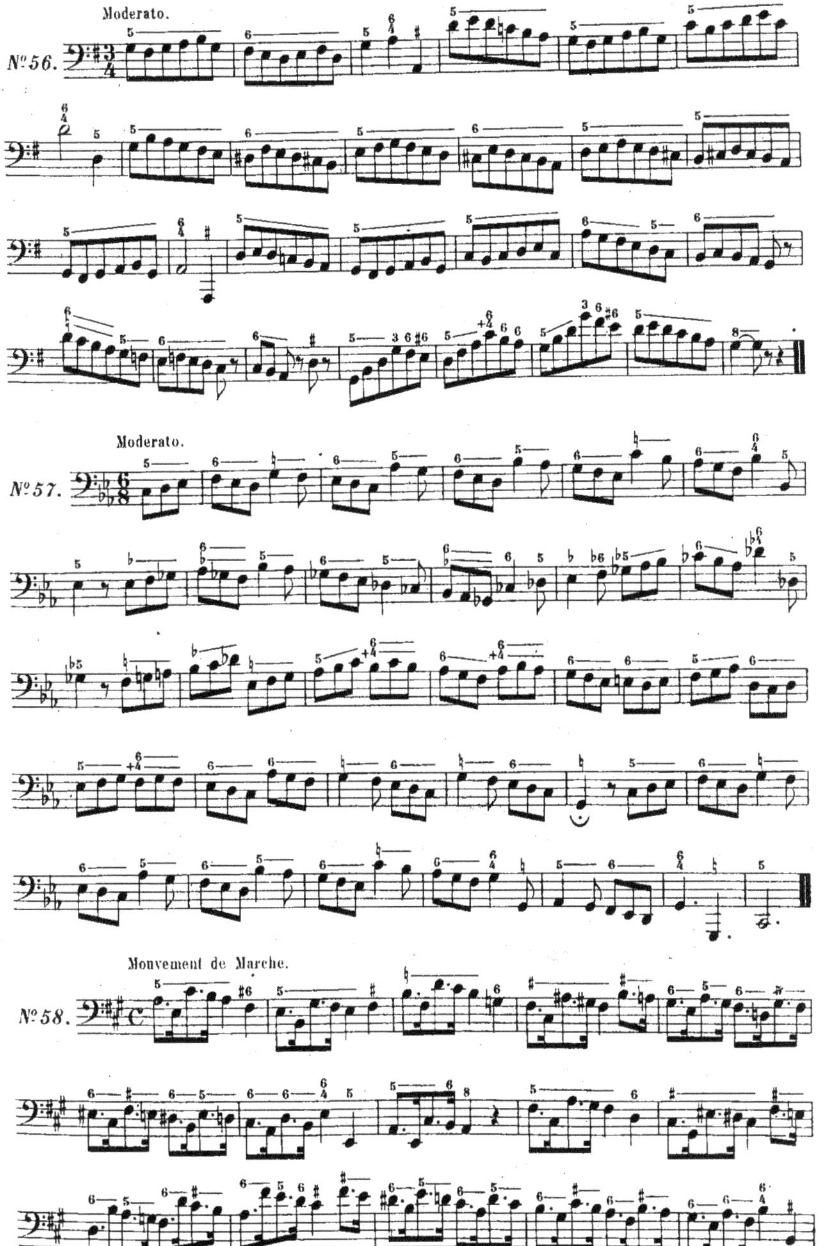

Moderato.

N°56.

Moderato.

N°57.

Mouvement de Marche.

N°58.

Moderato.
N.º 59.
FIN de la PREMIÈRE PARTIE.
A.L.6703.

DEUXIÈME PARTIE

HARMONIE DISSONANTE NATURELLE

ACCORD de SEPTIÈME de DOMINANTE

ÉTAT FONDAMENTAL
(Voir notre Traité d'Harmonie, page 212 et suivantes)

§ **22.**—En général, on chiffre l'accord de septième de dominante par $\frac{7}{+}$, quelle que soit la position qu'on doive lui donner. (La *petite croix* représente la *tierce, note sensible*)

§ **23.**— Mais, lorsqu'on tient à ce que les *notes supérieures* de cet accord soient disposées de telle ou telle manière, on peut le chiffrer ainsi qu'il suit, selon le cas.

ACCORD de SEPTIÈME de DOMINANTE avec SUPPRESSION de la TIERCE
(V. Traité d'Harmonie § 662)

§ **24.**— Rappelons que, dans les trois *résolutions* naturelles de la *septième de dominante,* la *tierce* doit *monter d'un demi-ton* et la *septième descendre d'un degré.*

9ᵐᵉ SÉRIE D'EXERCICES

RÉSOLUTIONS NATURELLES
de l'Accord de Septième de dominante

RÉSOLUTION sur l'ACCORD de TONIQUE (*Cadence parfaite.*)

A *SEPTIÈME de DOMINANTE avec BASSE DOUBLÉE*, à CINQ PARTIES

SEPTIÈME de DOMINANTE à QUATRE PARTIES
sans redoublement ni suppression de notes.

B

(à continuer, d'après les Basses de l'Exercice A ci-dessus.)

SEPTIÈME de DOMINANTE avec BASSE DOUBLÉE
et suppression de la Quinte, à QUATRE PARTIES

C

(à continuer, d'après les Basses de l'Exercice A ci-dessus.)

RÉSOLUTION sur l'ACCORD du 6ᵐᵉ DEGRÉ (*Cadence rompue*)

SEPTIÈME de DOMINANTE à QUATRE PARTIES
sans redoublement ni suppression de notes.

D

SEPTIÈME *de* DOMINANTE à TROIS PARTIES
avec suppression de sa Quinte.

(à continuer, d'après les Basses de l'Exercice D ci-dessus)

RÉSOLUTION sur l'ACCORD de QUARTE et SIXTE du 5me DEGRÉ

MARCHES D'HARMONIE

(à exécuter dans *trois positions libres* et à transposer à divers intervalles)

H
I
LEÇONS
(à exécuter en différents tons)
Nº 60.
Dans deux positions.
Nº 61.
Dans deux positions.
(Dans trois positions contraintes et une position libre)
Nº 62.
Nº 63.

N.º 64.

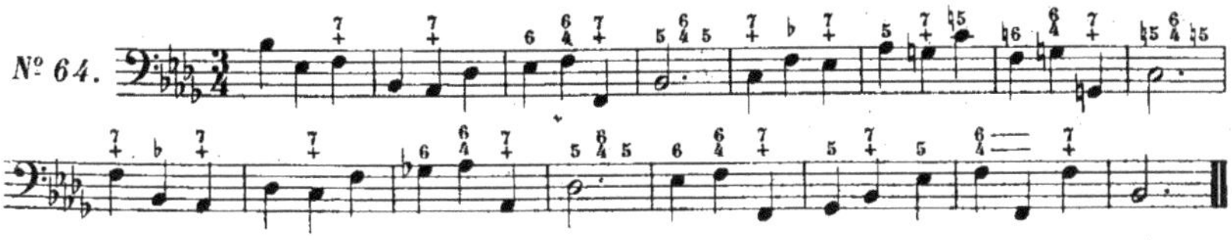

N.º 65

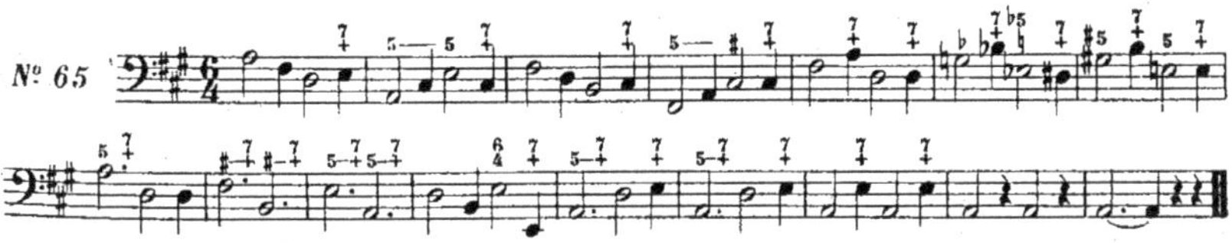

LEÇONS.
(à exécuter en *position libre*)

N.º 66.

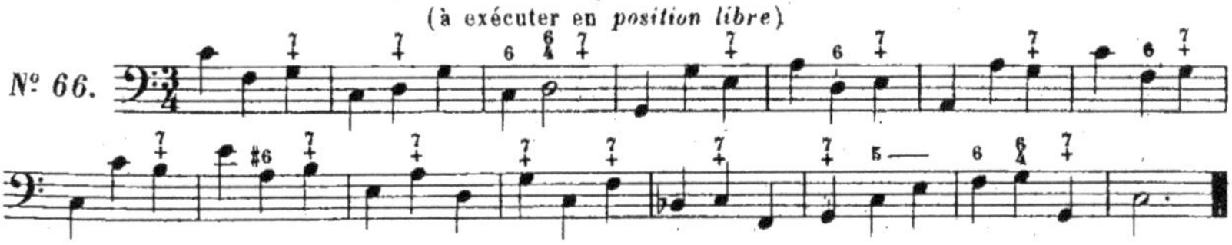

N.º 67.

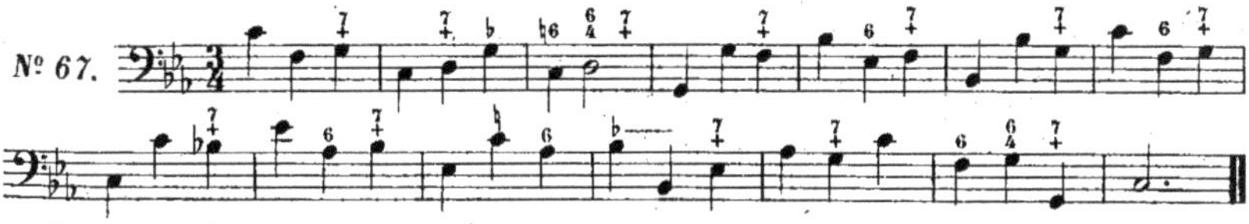

Tempo giusto.

(Prendre connaissance du § 25.)

N.º 68.

Sostenuto.

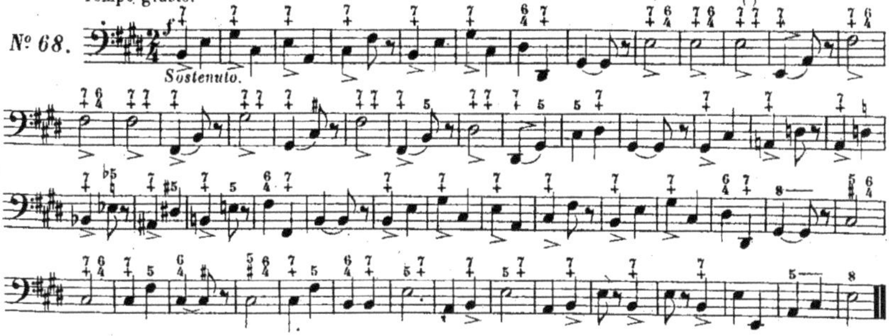

§ **25.**—Lorsque, dans une phrase unito-nique, la *même formule harmonique* se présente *plusieurs fois de suite*, il peut être utile d'en *varier les positions*, pour obtenir une *mélodie plus chantante* et ne pas tomber dans la monotonie.

(*) La *répétition immédiate* d'un même chiffrage sur une même note indique qu'il faut, au lieu d'en tenir les notes, répéter l'accord représenté par ce chiffrage, soit en changeant sa position, soit en la conservant.

ACCORD de QUINTE DIMINUÉE et SIXTE

1ᵉʳ RENVERSEMENT de l'ACCORD de SEPTIÈME de DOMINANTE

(V. Traité d'Harmonie, p. 216, 220 et 221)

§ 26.—En général, on chiffre l'accord de *quinte diminuée et sixte* par $\frac{6}{5}$, quelle que soit la position qu'on doive lui donner.

Mais, pour *préciser davantage* certaines dispositions de ses notes supérieures, on peut indiquer cet accord des diverses manières suivantes:

§ 27.—Rappelons, qu'en *résolution naturelle*, la *basse* de l'accord de *quinte diminuée et sixte* doit *monter d'un demi-ton* et la *quinte diminuée descendre d'un degré*

10ᵐᵉ SÉRIE D'EXERCICES

RÉSOLUTION NATURELLE
de l'Accord de Quinte diminuée et Sixte

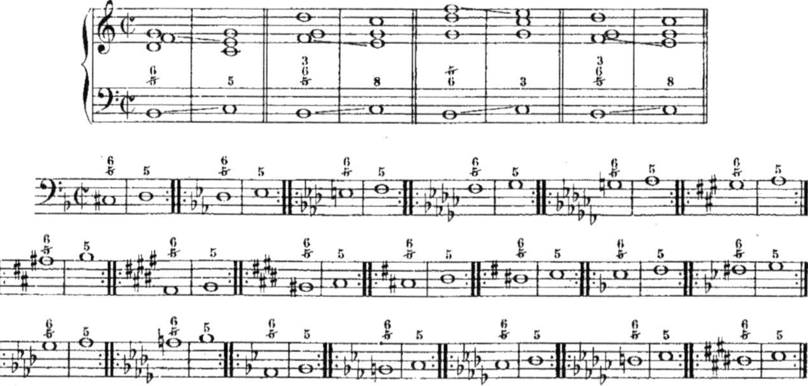

MARCHES D'HARMONIE

(à exécuter symétriquement et dans *trois positions*)

LEÇONS

(à exécuter en différents tons et dans trois positions)

LEÇONS

(à exécuter en position libre)

ACCORD de SIXTE SENSIBLE

2ᵐᵉ RENVERSEMENT de l'ACCORD de SEPTIÈME de DOMINANTE

(V. Traité d'Harmonie, p. 217, 220 et 221.)

§ **28.** — En général, l'accord de *sixte sensible* se chiffre par **+ 6**, quelle que soit la position qu'on doive lui donner.

Mais, pour mieux préciser *certaines dispositions* de ses notes supérieures, on peut indiquer cet accord des diverses manières suivantes :

§ **29.** — En *résolution naturelle*, la *tierce* de l'accord de *sixte sensible* doit *descendre d'un degré* et la *sixte* doit *monter d'un demi-ton*.

§ **30.** — Lorsque l'accord de sixte sensible se résout sur l'*accord de sixte* de la *médiante*, il ne faut point placer à la *partie supérieure* la *tierce* du premier accord, à cause de sa résolution obligée sur la *basse doublée* de l'accord de sixte, *redoublement défendu à la 1ʳᵉ partie.* (Traité d'Harmonie, § 190)

A moins, cependant, que les deux parties extrêmes ne procèdent *trois fois de suite* par *mouvement contraire,* la *partie supérieure* marchant par *degrés conjoints,* et l'accord de sixte de la *médiante* n'arrivant qu'au *temps faible.* (Traité d'Harmonie, § 191)

11ᵐᵉ SÉRIE D'EXERCICES

RÉSOLUTIONS NATURELLES
de l'Accord de Sixte sensible.

RÉSOLUTION sur l'ACCORD PARFAIT de la TONIQUE

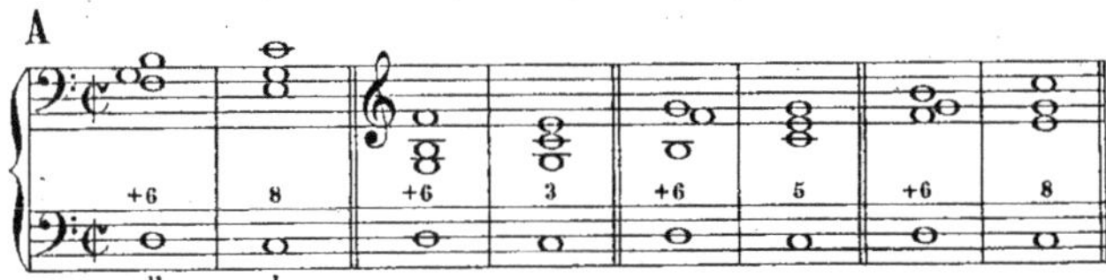

RÉSOLUTION sur l'ACCORD de SIXTE de la MÉDIANTE⁽*⁾

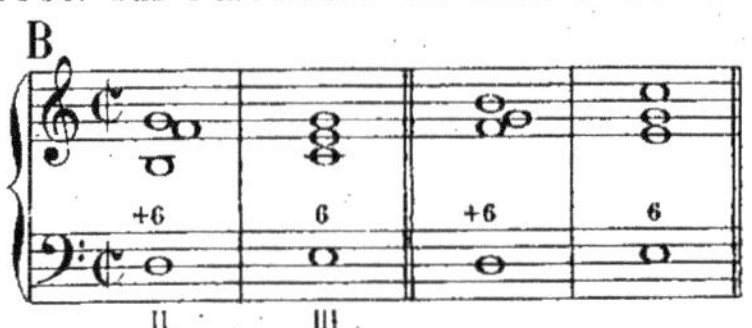

(*) Dans cette résolution, la *tierce* de l'accord de *sixte sensible* ne doit pas occuper la *partie supérieure*, à cause de sa chûte forcée sur la *basse doublée* de l'accord de sixte qui, comme on le sait, ne doit pas être placée à la 1ʳᵉ partie.

A moins, pourtant, que cet *accord de sixte* n'arrive au *temps faible,* comme *accord de passage,* la *basse* et le *chant* procédant par série de *trois sons conjoints* en *mouvement contraire.* (Traité d'Harmonie, §§ 190 et 191)

MARCHES D'HARMONIE

MÊME MARCHE

(à exécuter dans *trois positions, sans symétrie*, en conservant les notes communes)

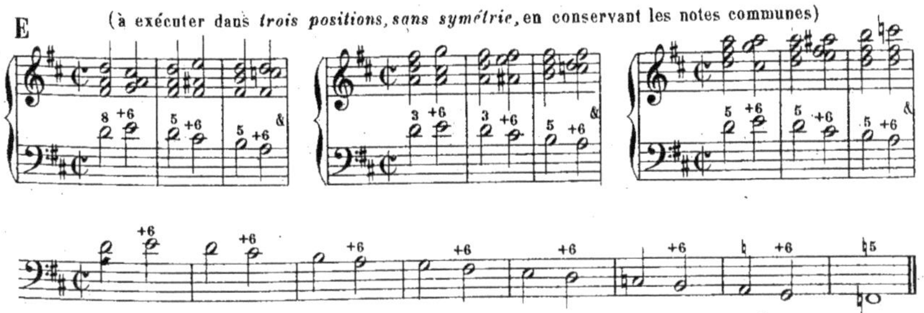

LEÇONS
à exécuter en différents tons
dans *trois positions*.

ACCORD de TRITON

3ᵐᵉ RENVERSEMENT de l'ACCORD de SEPTIÈME de DOMINANTE

(Voir notre Traité d'Harmonie, pages 218, 220 et 222)

———

§ **31.** — L'accord de *triton* se chiffre, généralement, par **+4** *quelle que soit la position* qu'on doive lui donner.

Mais, pour mieux préciser *certaines dispositions* de ses notes supérieures, on peut indiquer cet accord des diverses manières suivantes.

§ **32.** — En *résolution naturelle*, la *basse* de l'accord de *triton* doit *descendre d'un degré* et la *quarte* doit *monter d'un demi-ton*.

12ᵐᵉ SÉRIE D'EXERCICES

RÉSOLUTION NATURELLE de l'ACCORD de TRITON
sur l'Accord de Sixte de la médiante

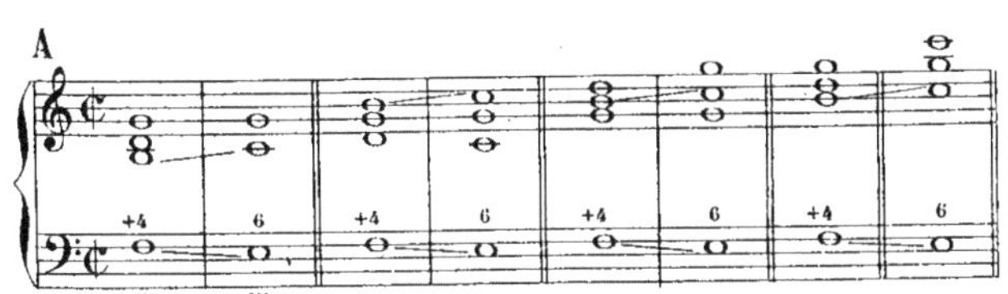

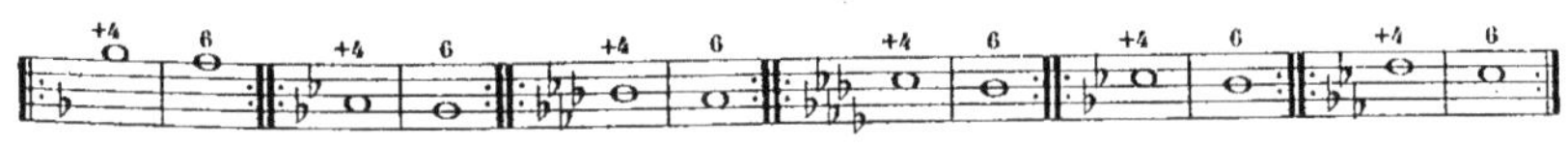

MARCHES D'HARMONIE

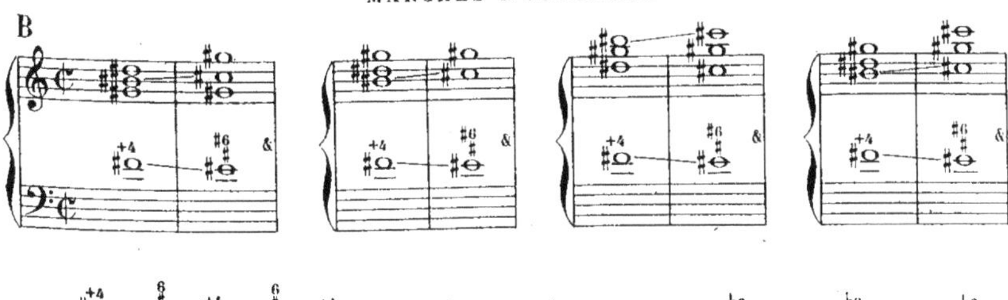

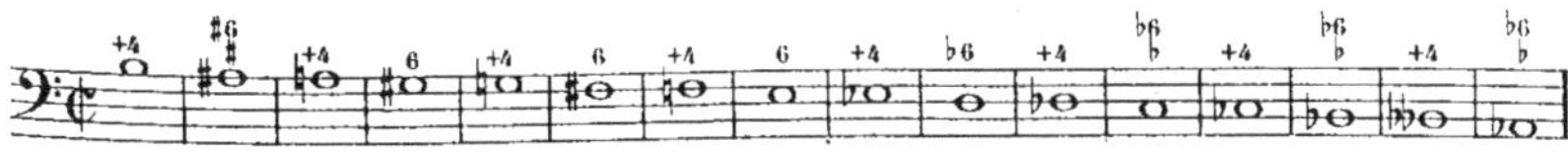

C
+4
6
&
IV
III
D
E
&
F
Imitation
&
A.L.6703.

FORMULE

contenant l'Accord de Septième de dominante
et ses *trois renversements* en résolution naturelle,
avec *modulation* à la *tierce supérieure*
pour passer par *tous les tons* majeurs et mineurs.

N.º 79.

LEÇONS
à exécuter en différents tons
dans *trois positions contraintes et une position libre.*

13ᵐᵉ SÉRIE D'EXERCICES

ACCORD de SEPTIÈME de DOMINANTE
et ses renversements
en ACCORDS BRISÉS ou ARPÉGÉS

(V. Traité d'Harmonie, p. 231.)

ACCORD FONDAMENTAL et PREMIER RENVERSEMENT

PREMIER et DEUXIÈME RENVERSEMENTS

DEUXIÈME *et* TROISIÈME RENVERSEMENTS

F
G
A.L.6703

H

I

J

A.L.6703.

LEÇONS
(à exécuter dans trois positions contraintes et une position libre)
Allegro.
N.º 84.
Allegro.
N.º 85.
Allegro.
N.º 86.

14ᵐᵉ SÉRIE D'EXERCICES

RÉSOLUTIONS EXCEPTIONNELLES
de l'Accord de 7ᵐᵉ de dominante et de ses renversements

(V. Traité d'Harmonie, p. 235, 236 et 237)

NON-RÉSOLUTION de la SEPTIÈME

LEÇONS
en position libre
sur les
RÉSOLUTIONS EXCEPTIONNELLES
de l'Accord de Septième de Dominante et de ses renversements. (*)

LEÇONS DIFFICILES
servant de Résumés aux Exercices et aux Leçons qui précèdent.

ACCORD de SEPTIÈME de DOMINANTE FONDAMENTAL

(*) La Réalisation de ces Leçons se trouve dans le 2ᵈ Volume de notre *Traité d'Harmonie* à la p. 58.

A.L.6703.

No 90.
Andante
Allegro.
Main droite seule.
D.C.

ACCORD de QUINTE DIMINUÉE et SIXTE.

A.L.6703.

FIN
Allegro.
Nº 94.
D.C.

ACCORD de SIXTE SENSIBLE

Andantino.
ff
f
p
Tempo giusto.
No 98.

15me SÉRIE D'EXERCICES

NOTES de PASSAGE et BRODERIES
appliquées à l'Accord de Septième de dominante
et à ses renversements

ÉCHANGES de NOTES avec NOTES de PASSAGE
(V. Traité d'Harmonie, p. 232)

EN PROCÉDANT par TIERCES et SANS ÉCHANGES de NOTES
(V. Traité d'Harmonie, § 660)
D
E

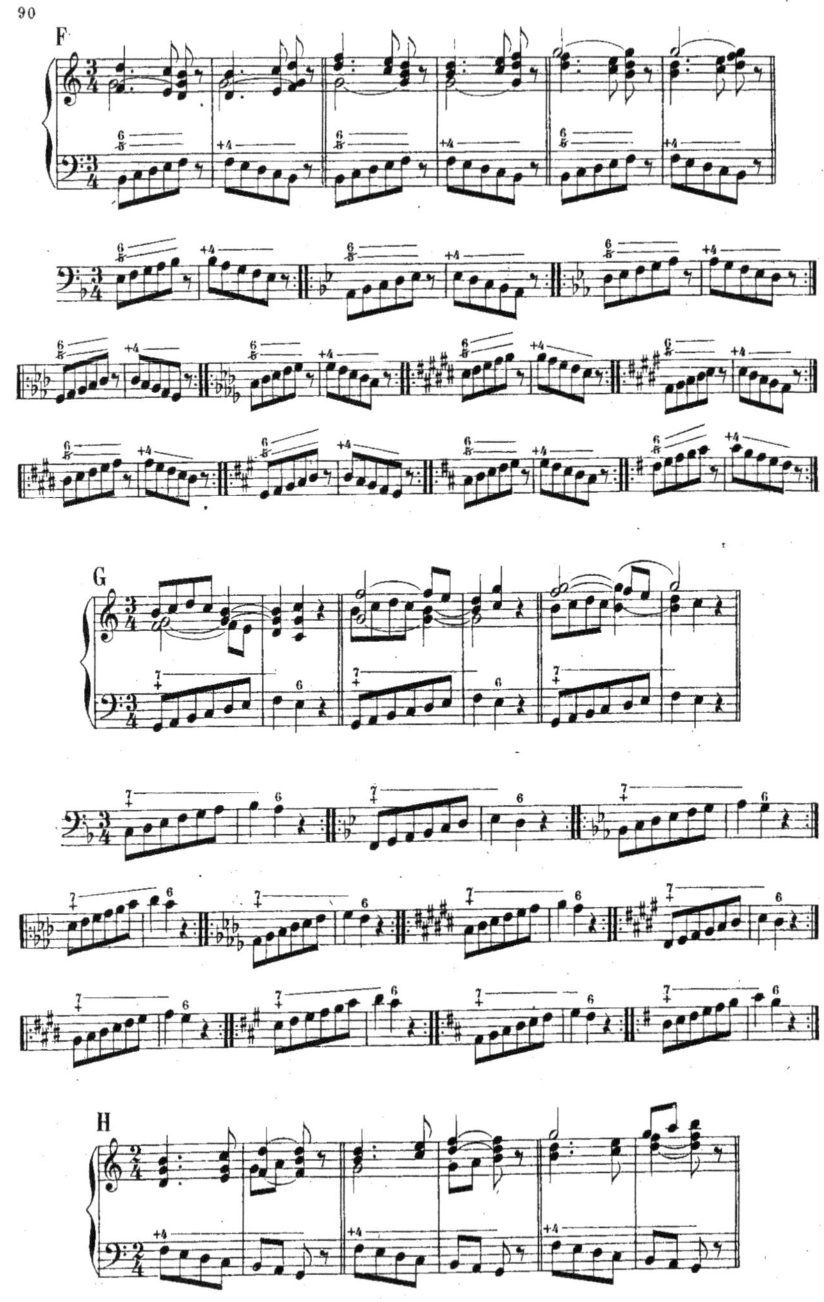
F.
3/4
6/8 +4 6/8 +4 6/8 +4
G.
3/4
7+ 6 7+ 6 7+ 6
H.
2/4
+4 +4 +4

MARCHES D'HARMONIE
avec Broderies, Notes de passage et Imitations
I
J
K
L
M
N
O
P
Q
R

NOTES de PASSAGE et BRODERIES
appliquées à l'Accord de Septième de dominante
et à ses renversements

ÉCHANGES de NOTES avec NOTES de PASSAGE

NOTES de PASSAGE, BRODERIES et IMITATIONS

ACCORD de SEPTIÈME de SENSIBLE
(MODE MAJEUR)

ÉTAT FONDAMENTAL
(V. notre Traité d'Harmonie, pages 246 et suivantes)

§ **33.**—En général, on chiffre l'accord de *septiè-me de sensible* par $\frac{7}{5}$ quelle que soit la position qu'on doive lui donner.

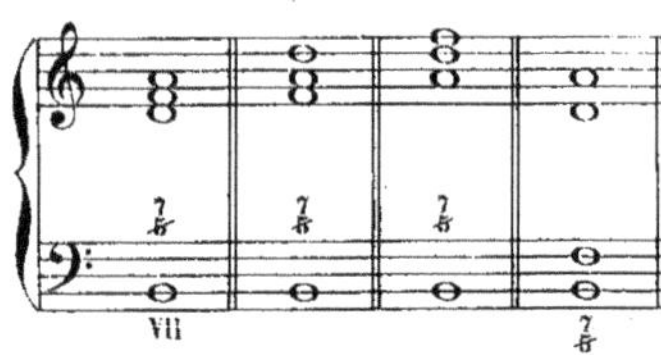

Mais, pour mieux préciser *certaines dispositions* de ses notes supérieures, on peut indiquer cet accord des diverses manières suivantes:

§ **34.**—En *résolution naturelle,* la *basse* de l'accord de *septième de sensible* doit *monter d'un demi-ton,* la *quinte* et la *septième* doivent *descendre d'un degré.*

§ **35.**—On peut faire la *résolution anticipée* de la *septième* sur la *sixte* (cela produit l'accord de *quinte diminuée et sixte*) avant d'arriver à *l'accord de tonique* sur lequel se résolvent les autres notes.

§ **36.**—On *prépare* souvent la *septième,* car, bien que cette préparation ne soit pas nécessaire, elle *adoucit* beaucoup l'accord qui sans cela peut paraître *dur.*

16me SÉRIE D'EXERCICES

RÉSOLUTIONS NATURELLES
de l'Accord de Septième de sensible

RÉSOLUTION DIRECTE sur l'ACCORD de TONIQUE
(V. Traité d'Harmonie, § 676)

PRÉPARATION et RÉSOLUTION ANTICIPÉE de la SEPTIÈME
(V. Traité d'Harmonie, §§ 677 et 678)

PRÉPARATION de la BASSE

MARCHES D'HARMONIE
(à exécuter dans différents tons.)

LEÇONS
à exécuter dans *trois positions* différentes
et à transposer en différents tons

ACCORD de QUINTE et SIXTE SENSIBLE

1ᵉʳ RENVERSEMENT de l'ACCORD de SEPTIÈME de SENSIBLE

(V. Traité d'Harmonie, p. 248 et 249)

§ **37.**— En général, on chiffre l'accord de quinte et sixte sensible par +⁶₅

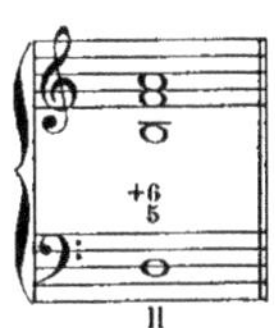

ou mieux encore par +⁵₆ pour indiquer que la *quinte* doit être placée *au-dessus* de la *sixte.*

Voici d'autres manières de chiffrer cet accord:

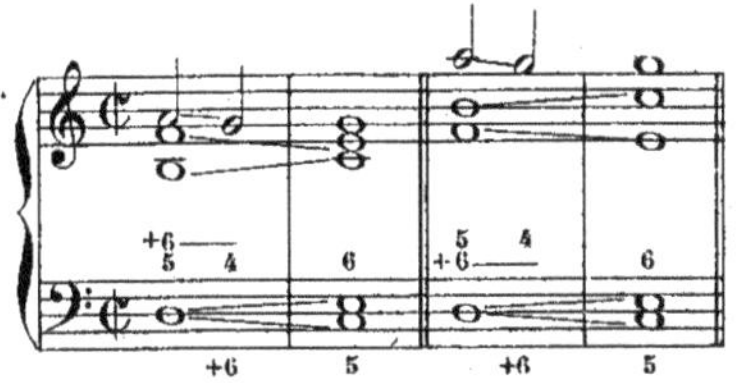

§ **38.**— En *résolution naturelle,* la *tierce* et la *quinte* doivent *descendre* d'un degré; la *sixte* doit *monter* d'un demi-ton.

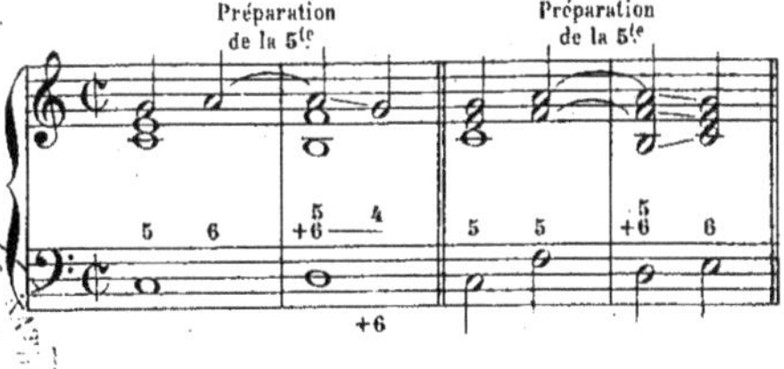

§ **39.**— On peut faire la *résolution anticipée* de la *quinte* sur la *quarte* (cela produit l'accord de *sixte sensible*) avant d'arriver à *l'accord de tonique* ou à son *premier renversement* sur l'un desquels se résolvent la *tierce* et la *sixte.*

§ **40.**— On *prépare* souvent la *quinte,* bien que cette préparation ne soit pas nécessaire.

17me SÉRIE D'EXERCICES

RÉSOLUTIONS NATURELLES
de l'Accord de Quinte et Sixte sensible

RÉSOLUTION DIRECTE sur l'ACCORD de SIXTE du 3me DEGRÉ
(V. Traité d'Harmonie, § 687)

PRÉPARATION et RÉSOLUTION ANTICIPÉE de la QUINTE
(V. Traité d'Harmonie, § 687)

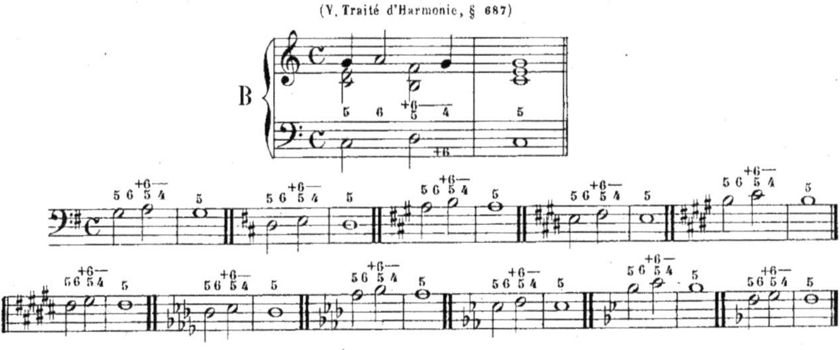

PRÉPARATION de la SIXTE

MARCHES D'HARMONIE
(à transposer en différents tons)

ACCORD de TRITON et TIERCE MAJEURE

2ᵐᵉ RENVERSEMENT de l'ACCORD de SEPTIÈME de SENSIBLE

(V. Traité d'Harmonie, p. 250 et 251)

§ 41.—En général, on chiffre l'accord de *triton* et *tierce majeure* par $+\frac{4}{3}$

ou, mieux encore, par $+\frac{3}{4}$ pour indiquer que la *tierce* doit être placée au dessus de la *quarte*.

Voici d'autres manières de chiffrer cet accord:

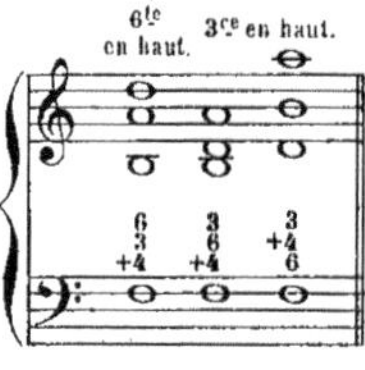

Si, pour obtenir la *tierce majeure* on est obligé d'avoir recours à un signe accidentel (♮, ♯ ou x) on met cet *accident* à la place du 3.

§ 42 — En *résolution naturelle*, la *basse* et la *tierce* doivent *descendre* d'un degré; la *quarte* doit *monter* d'un demi-ton.

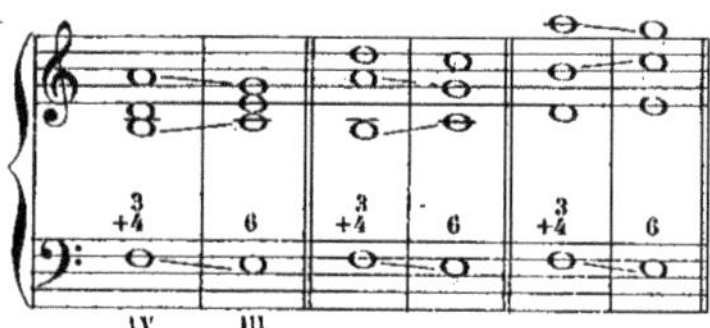

§ 43.— On peut faire la *résolution anticipée* de la *tierce* sur la *seconde* (cela produit l'accord de *triton*) avant d'arriver à l'accord de *sixte* de la *médiante* sur lequel se résolvent la *basse* et la *quarte*.

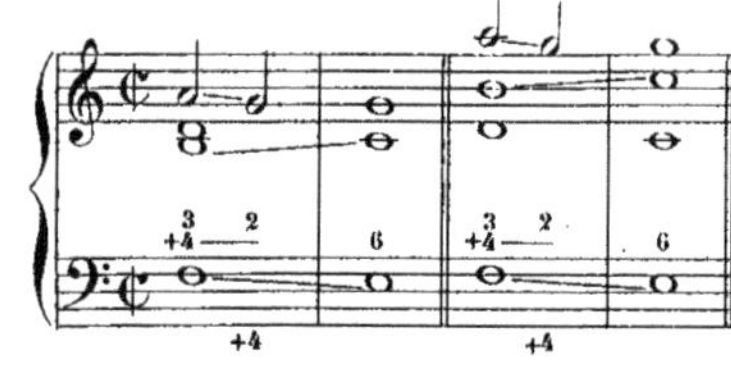

§ 44.— On prépare quelquefois la *tierce*, bien que cette préparation ne soit nullement nécessaire.

18ᵐᵉ SÉRIE D'EXERCICES

RÉSOLUTIONS NATURELLES
de l'Accord de Triton et Tierce majeure

RÉSOLUTION DIRECTE sur l'ACCORD de SIXTE de la MÉDIANTE
(V. Traité d'Harmonie, § 694)

PRÉPARATION et RÉSOLUTION ANTICIPÉE de la TIERCE
(V. Traité d'Harmonie, §§ 691 et 694)

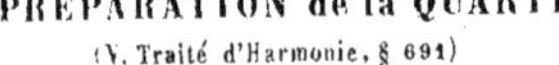

PRÉPARATION de la QUARTE
(V. Traité d'Harmonie, § 691)

MARCHES D'HARMONIE
(à exécuter dans les tons marqués)

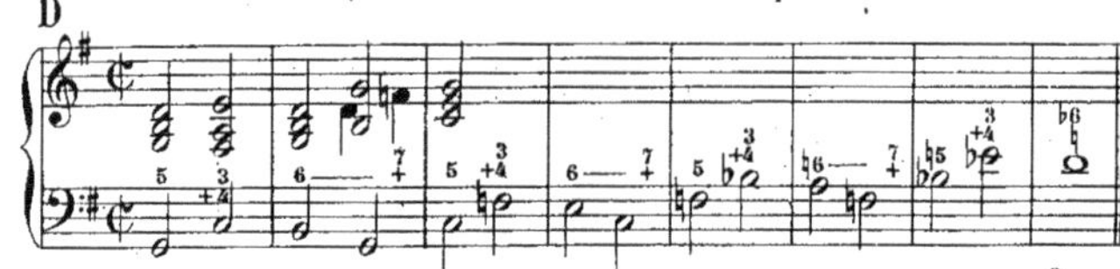

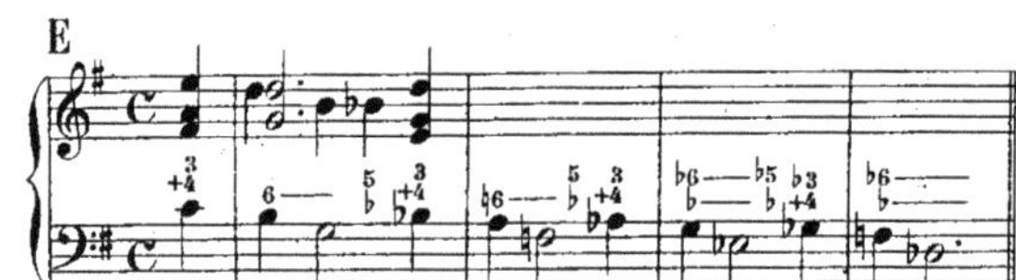

LEÇONS
à exécuter en *position libre* et en *différents tons*

No 108.

No 109.

ACCORD de SECONDE SENSIBLE

3ᵐᵉ RENVERSEMENT de l'ACCORD de SEPTIÈME de SENSIBLE

(V. Traité d'Harmonie, p. 252 et 253)

§ 45.—En général, on chiffre l'accord de *seconde sensible* par $\frac{4}{+2}$ quelle que soit sa position.

Voici d'autres manières de chiffrer cet accord:

La *basse* de l'accord de *seconde sensible* doit être *préparée* (§§ 696 et 697 du Traité d'Harmonie.)

§ 46.— En *résolution naturelle*, la *basse* et la *sixte* doivent *descendre* d'un degré; la *seconde* doit *monter* d'un demi-ton.

§ 47.— Dans ce 3ᵐᵉ renversement la *résolution anticipée* de la *dissonance* placée à la basse est *fort usitée*.

on passe, alors, par l'accord de septième de *dominante*

ou par l'accord-parfait du 5ᵐᵉ degré

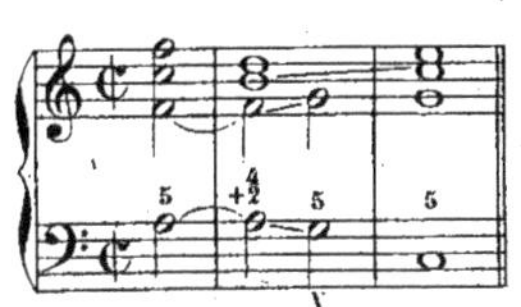

avant d'arriver à l'accord de tonique.

Dans le premier cas, la *seconde* et la *sixte* de l'accord de seconde sensible peuvent ne se résoudre que sur l'accord de tonique. Dans le second cas, la *sixte* de l'accorde de seconde *monte*, par exception, sur la *basse doublée* de l'accord du 5ᵐᵉ degré; la *note sensible* se résout ensuite sur la *tonique*.

§ 48.— On peut, également, faire *monter* la *sixte* de l'accord de seconde sensible sur l'*octave de la dominante*, lorsque celle-ci porte l'accord de *septième*.

19ᵐᵉ SÉRIE D'EXERCICES

RÉSOLUTIONS NATURELLES
de l'Accord de Seconde sensible

SECONDE SENSIBLE
se résolvant sur l'Accord de Quarte et Sixte de la Dominante

(V. Traité d'Harmonie, § 700)

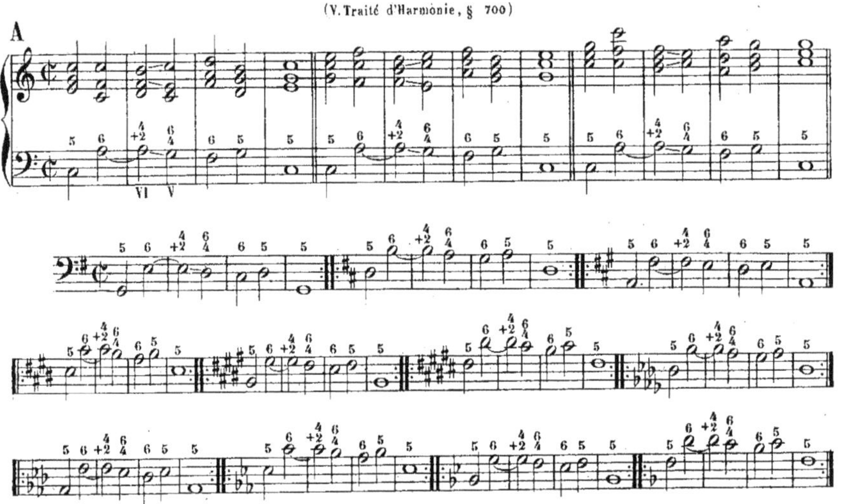

RÉSOLUTION sur l'ACCORD PARFAIT du 5ᵐᵉ DEGRÉ
(V. Traité d'Harmonie, § 701)

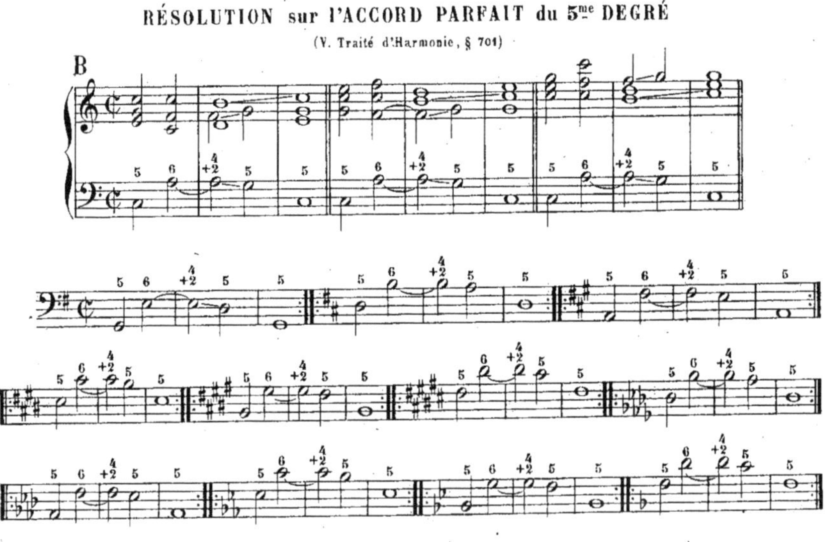

RÉSOLUTION sur la SEPTIÈME de DOMINANTE
(V. Traité d'Harmonie, § 701)

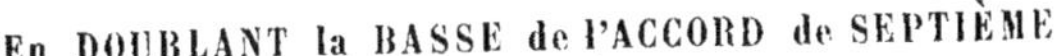

En DOUBLANT la BASSE de l'ACCORD de SEPTIÈME

MARCHES D'HARMONIE
(à exécuter dans les *tons marqués*)

LEÇON
(à exécuter en *position libre*)

Nº 110.

LEÇONS DIFFICILES
servant de Résumés aux Exercices et aux Leçons qui précèdent

ACCORD de SEPTIÈME de SENSIBLE FONDAMENTAL

Allegro molto.

Nº 111.

Allegretto.

№ 112.

ACCORD de QUINTE et SIXTE SENSIBLE

Scherzando.

№ 113.

ACCORD de TRITON et TIERCE MAJEURE
Audante.
Nº 114.

ACCORD de SECONDE SENSIBLE

ACCORD de SEPTIÈME DIMINUÉE

ÉTAT FONDAMENTAL

(Voir notre Traité d'Harmonie, pages 246 et suivantes)

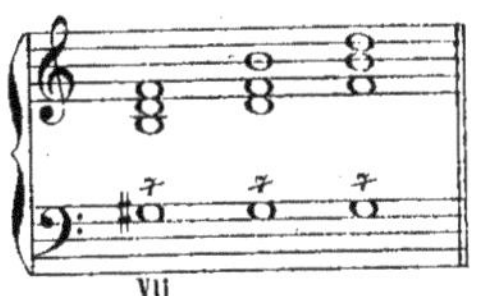

§ 49.—L'accord de *septième diminuée* se chiffre, généralement, par 7 quelle que soit sa position.

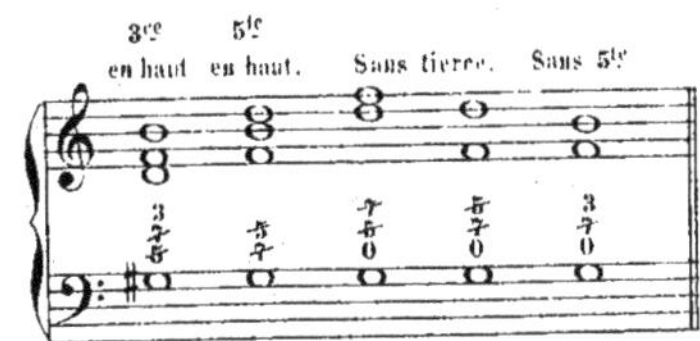

Mais, pour mieux préciser *certaines dispositions* de ses notes supérieures, on peut chiffrer cet accord des diverses manières suivantes:

§ 50.— En *résolution naturelle*, la *basse* de l'accord de *septième diminuée* doit monter d'*un demi-ton*, la *quinte* et la *septième* doivent *descendre d'un degré*.

§ 51.—On peut faire la *résolution anticipée* de la *septième* sur la *sixte* (cela produit l'accord de *quinte diminuée et sixte*) avant d'arriver à l'*accord de tonique* sur lequel se résolvent la *basse* et la *quinte*.

20me SÉRIE D'EXERCICES

RÉSOLUTIONS NATURELLES
de l'Accord de Septième diminuée

RÉSOLUTION DIRECTE sur l'ACCORD de TONIQUE
et
RÉSOLUTION ANTICIPÉE de la SEPTIÈME

(V. Traité d'Harmonie, §§ 676 et 677)

LEÇONS
à exécuter en *position libre*

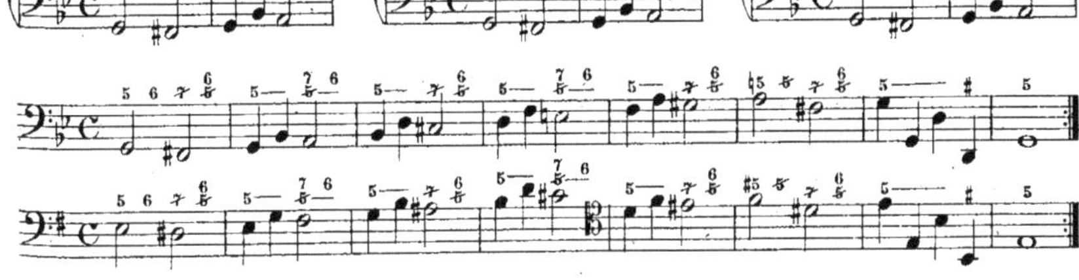

N.º 118.

ACCORD de QUINTE DIMINUÉE et SIXTE SENSIBLE

1.er RENVERSEMENT de l'ACCORD de SEPTIÈME DIMINUÉE

(V. Traité d'Harmonie, p. 248 et 249)

§ **52.**—En général, on chiffre l'accord de *quinte diminuée et sixte* par ⁺⁶₅ quelle que soit sa position.

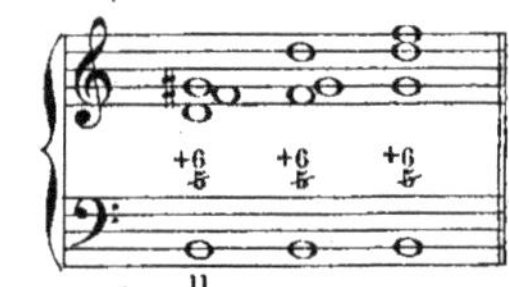

Voici d'autres manières de chiffrer cet accord:

§ **53.**—En *résolution naturelle*, la *tierce* et la *quinte* doivent *descendre* d'un degré; la *sixte* doit *monter* d'un demi-ton.

§ **54.**—On peut faire la *résolution anticipée* de la *quinte* sur la *quarte* (cela produit l'accord de *sixte sensible*) avant d'arriver à l'accord de *tonique* ou à son *premier renversement* sur l'un desquels se résolvent la *tierce* et la *sixte*.

21ᵐᵉ SÉRIE D'EXERCICES

RÉSOLUTIONS NATURELLES
de l'Accord de Quinte diminuée et Sixte sensible

D
&
LEÇONS
à exécuter en position libre
Nº 119.
Nº 120.
Agitato.
Nº 121.
A.L.6703.

ACCORD de TRITON et TIERCE MINEURE

2ᵐᵉ RENVERSEMENT de l'ACCORD de SEPTIÈME DIMINUÉE

(V. Traité d'Harmonie, p. 250 et 251)

§ **55.**—L'accord de *triton* et *tierce mineure* se chiffre, généralement, par $^{+4}_3$ quelle que soit sa position.

Voici d'autres manières de chiffrer cet accord:

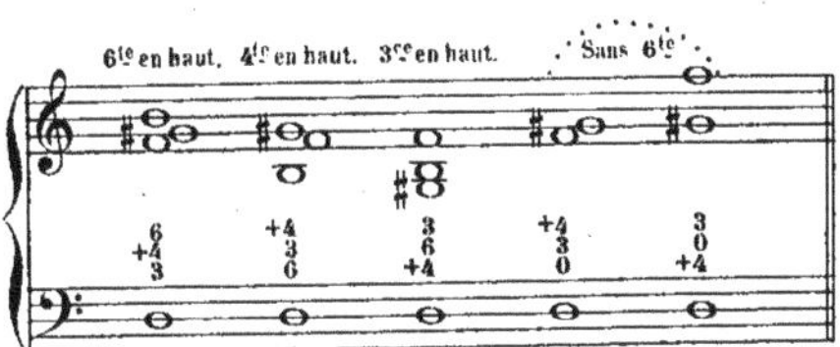

Si, pour obtenir la *tierce mineure* on est obligé d'avoir recours à un signe accidentel (♭, ♮ ou ♯) on met cet *accident* à la place du **3**.

§ **56.**—En *résolution naturelle*, la *basse* et la *tierce* doivent *descendre* d'un degré; la *quarte* doit *monter* d'un demi-ton.

§ **57.**—On peut faire la *résolution anticipée* de la *tierce* sur la *seconde* (ce qui produit l'accord de *triton*) avant d'arriver à l'accord de *sixte* de la *médiante*, sur lequel se résolvent la *basse* et la *quarte*.

(*) Ces *deux quintes* peuvent être *admises*, leur effet n'étant *point mauvais*.

Ce qui les rend *acceptables* pour l'oreille, c'est que: d'une part, la 1ʳᵉ est *diminuée*; d'autre part, que la *partie supérieure* amène, par le *mouvement contraire*, le *redoublement* de la note grave de l'intervalle de *quinte juste* qui lui succède; qu'enfin, cette *position* de l'accord de *sixte* est la *meilleure* entre toutes.

22ᵐᵉ SÉRIE D'EXERCICES

RÉSOLUTIONS NATURELLES
de l'Accord de Triton et Tierce mineure

E

LEÇONS

à exécuter en *position libre.*

Allegro moderato.

Nº 122.

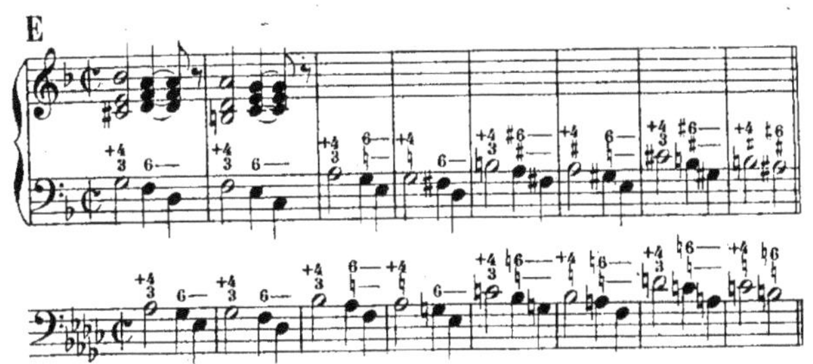

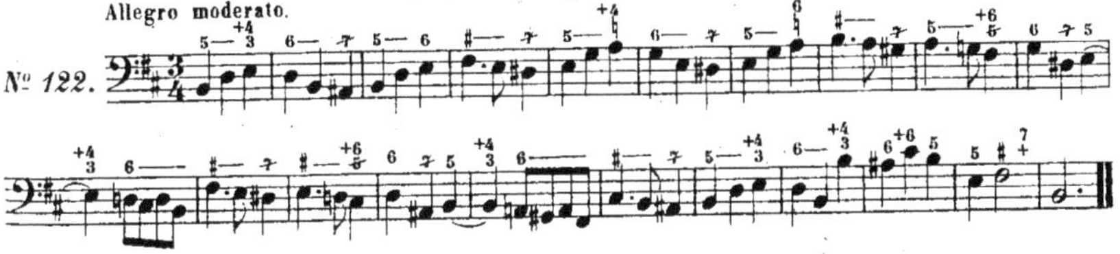

Andantino.

Nº 123.

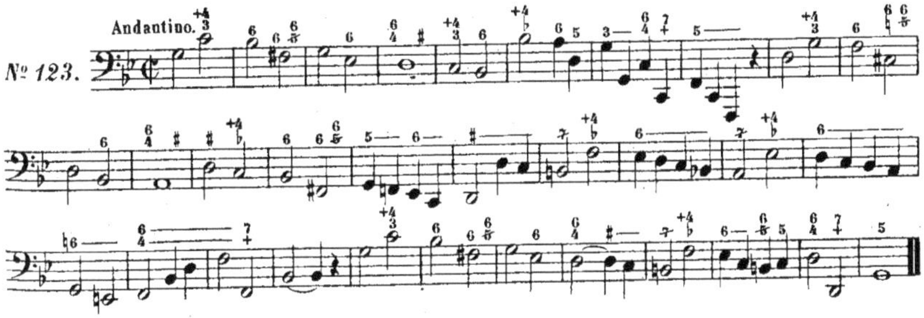

Allegro moderato.

Nº 124.

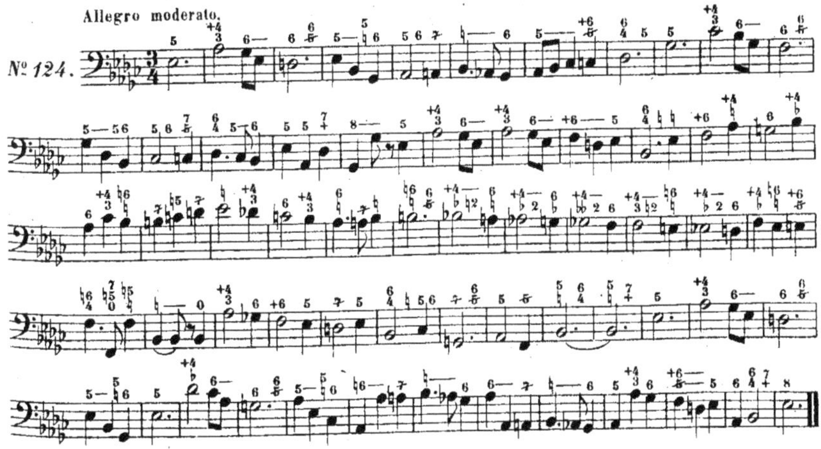

ACCORD de SECONDE AUGMENTÉE

3ᵐᵉ RENVERSEMENT de l'ACCORD de SEPTIÈME DIMINUÉE

(V. Traité d'Harmonie, p. 252 et 253)

§ **58.** — L'accord de *seconde augmentée* se chiffre, généralement, par +2 quelle que soit sa position.

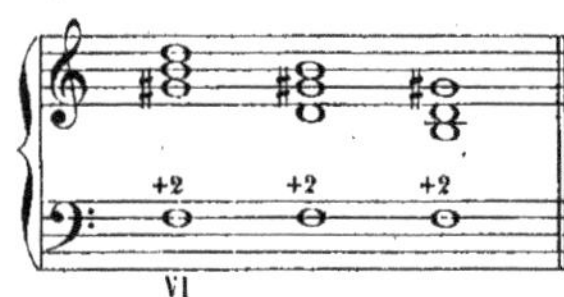

Voici d'autres
manières de chif-
frer cet accord:

§ **59.** — En *résolution naturelle* la *basse* et la *sixte*
doivent *descendre* d'un degré; la *seconde* doit *monter*
d'un demi-ton.

§ **60.** — Dans ce *3ᵐᵉ renversement* de l'accord de *septième diminuée*, la *résolution anticipée* de la dissonance placée à la *basse* est fort usitée.

on passe, alors,
par l'accord de
*septième de do-
minante*,

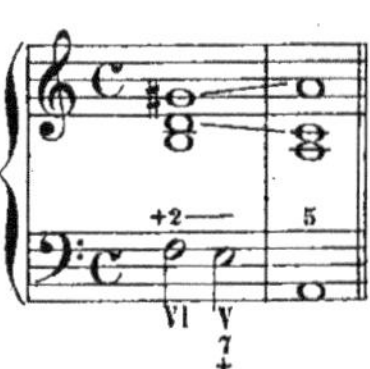

ou par *l'accord
parfait* du 5ᵐᵉ
degré,

avant d'arriver
à *l'accord* de
tonique.

Dans le premier cas, la *seconde* et la *sixte* de l'accord de *seconde augmentée* peuvent ne
se résoudre que sur l'accord de tonique.

Dans le second cas, la *sixte* de l'accord de seconde *monte*, par exception, sur la *basse doublée* de l'accord du 5ᵐᵉ degré; la *note sensible* se résout ensuite sur la tonique.

On peut, également, faire *monter* la *sixte* de
l'accord de seconde augmentée sur *l'octave* de
la *dominante*, lorsque celle-ci porte l'accord
de *septième*.

23ᵐᵉ SÉRIE D'EXERCICES

RÉSOLUTIONS NATURELLES
de l'Accord de Seconde augmentée

SECONDE AUGMENTÉE
se résolvant sur l'Accord de Quarte et Sixte de la Dominante

(V. Traité d'Harmonie, § 700)

RÉSOLUTION sur l'ACCORD PARFAIT du 5ᵐᵉ DEGRÉ

(V. Traité d'Harmonie, § 701)

RÉSOLUTION sur la SEPTIÈME de DOMINANTE

(V. Traité d'Harmonie, § 701)

En DOUBLANT la BASSE de l'ACCORD de SEPTIÈME

(Mêmes Basses que ci-dessus)

MARCHES D'HARMONIE

G
H
&

LEÇONS

à exécuter en position libre

24ᵐᵉ SÉRIE D'EXERCICES

SEPTIÈME de SENSIBLE, SEPTIÈME DIMINUÉE
et leurs renversements
en
ACCORDS BRISÉS
(Voir notre Traité d'Harmonie, pages 267 et 268)

ACCORD FONDAMENTAL et 1ᵉʳ RENVERSEMENT

PREMIER et DEUXIÈME RENVERSEMENT

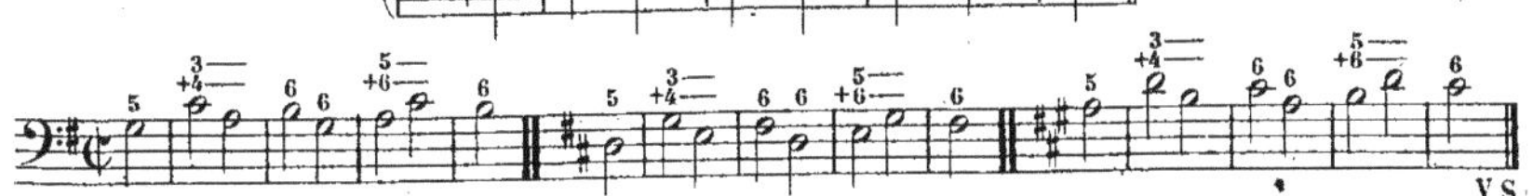

Suite de la lettre C

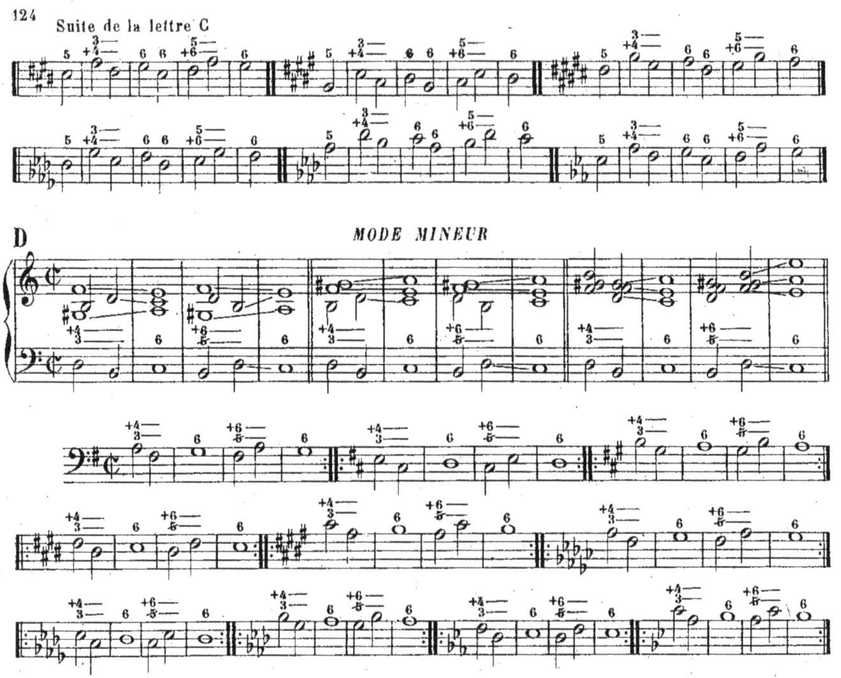

D

ACCORD FONDAMENTAL, PREMIER et DEUXIÈME RENVERSEMENT

MODE MINEUR
DEUXIÈME et TROISIÈME RENVERSEMENT
MODE MAJEUR
MODE MINEUR
F
G
H

ACCORD FONDAMENTAL et ses TROIS RENVERSEMENTS

MODE MINEUR

L.

LEÇON

Nº 128.

25ᵐᵉ SÉRIE D'EXERCICES

ÉCHANGES de NOTES avec NOTES de PASSAGE
dans les Accords de 7ᵐᵉ de sensible, de 7ᵐᵉ diminuée et leurs renversements

ÉTAT FONDAMENTAL et 1ᵉʳ RENVERSEMENT

PREMIER et DEUXIÈME RENVERSEMENT
MODE MAJEUR
C
D
MODE MINEUR
A.L.6703.

ACCORD FONDAMENTAL, PREMIER et DEUXIÈME RENVERSEMENT

DEUXIÈME et TROISIÈME RENVERSEMENT

MODE MAJEUR

MODE MINEUR

LEÇON

sur les Echanges de notes avec Notes de passage dans les accords de Septième de sensible,
de Septième diminuée et leurs renversements

Moderato.

Nº 129.

26me SÉRIE D'EXERCICES

RÉSOLUTIONS EXCEPTIONNELLES
des Accords de 7me de sensible, de 7me diminuée et de leurs renversements

(V. Traité d'Harmonie, p. 235)

H
I
J
K

MARCHES D'HARMONIE
à exécuter en *différents tons*

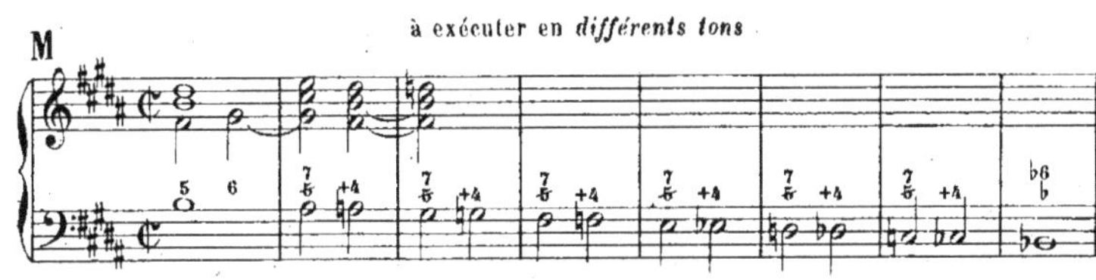

SUCCESSIONS SYMÉTRIQUES D'ACCORDS
dont les parties supérieures se font sans symétrie
(V. Traité d'Harmonie, p. 274)

GAMME CHROMATIQUE
avec tonalité prédominante
(V. Traité d'Harmonie, p. 274)

LEÇONS
à exécuter en *position libre.*

Allegro moderato.

N.° 130.

Moderato.

N.° 131.

N.B.— Etudier les *Basses chiffrées* N.°⁵ 175 à 184 de Notre *Cours d'Harmonie,* p. 274 et 275.

A.L.6703.

ACCORDS de NEUVIÈME de DOMINANTE

ÉTAT FONDAMENTAL

(Voir notre Traité d'Harmonie, pages 279 et suivantes)

§ 61.—On chiffre, généralement, les accords de *neuvième de dominante* par $\frac{9}{7}+$ quelle que soit la position qu'on doive leur donner.

Mais, pour mieux préciser *certaines dispositions* de leurs notes supérieures, on peut indiquer ces accords des diverses manières suivantes:

§ 62.—Si, pour obtenir la neuvième *majeure* ou la neuvième *mineure*, on est obligé de recourir à *un accident* ♯,♮ ou ♭, on ajoute cet accident devant le chiffre 9.

§ 63.—En *résolution naturelle,* la *tierce* des accords de *neuvième de dominante* doit monter d'un *demi-ton,* la *septième* et la *neuvième* doivent *descendre* d'un degré.

§ 64.—On peut faire la *résolution anticipée* de la *neuvième* sur *l'octave* (cela produit l'accord de *septième de dominante* avec basse doublée) avant d'arriver à *l'accord de tonique* sur lequel se résolvent les autres notes.

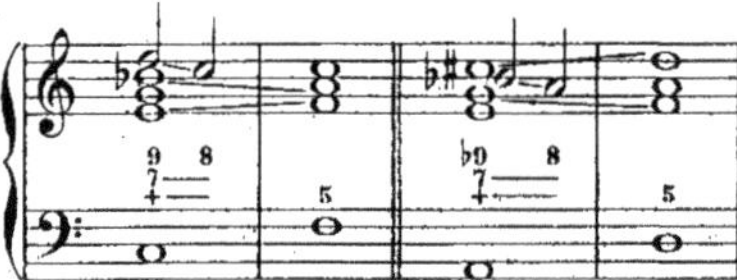

§ 65.—On *retranche* souvent la *quinte* des accords de *neuvième de dominante*: dès lors, on n'a plus que *quatre parties.*

§ 66.— La *dissonance* de *neuvième,* qu'elle soit *majeure,* qu'elle soit *mineure,* ne doit, en aucun cas, être *rapprochée* de la *fondamentale* de manière à former, avec celle-ci, un *intervalle de seconde.*

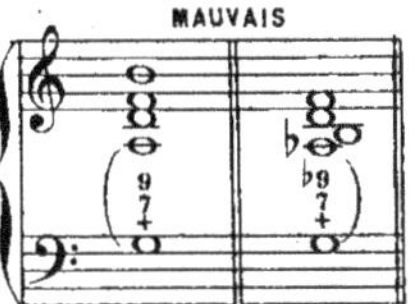

§ 67.— La *neuvième majeure* doit, en outre, être *placée au-dessus de la tierce* et former *avec elle* l'intervalle de *septième.*

§ 68.— La *position serrée* avec la *neuvième* comme *note aigüe* est *la plus favorable* pour le *piano.*

27ᵐᵉ SÉRIE D'EXERCICES

RÉSOLUTIONS NATURELLES
des Accords de Neuvième de dominante

MARCHES D'HARMONIE

à exécuter dans *une seule position* (Neuvième à la partie supericure.)

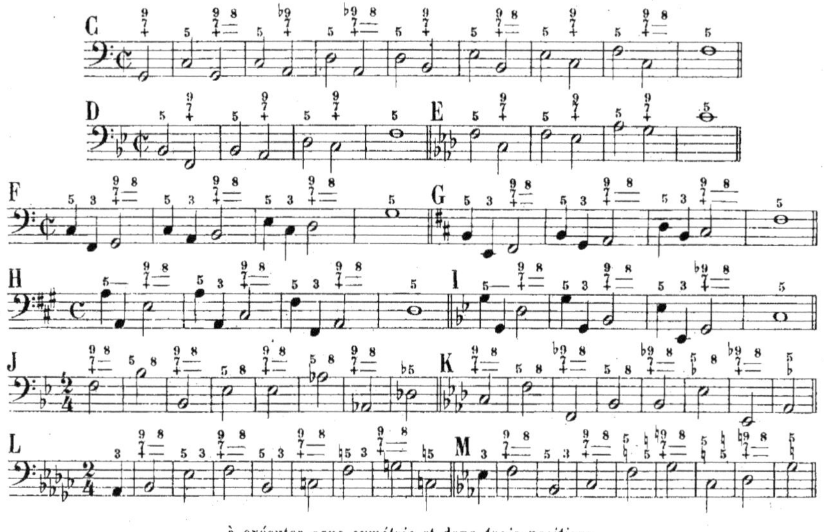

à exécuter *sans symétrie et dans trois positions.*

LECONS

à exécuter en *position libre.*

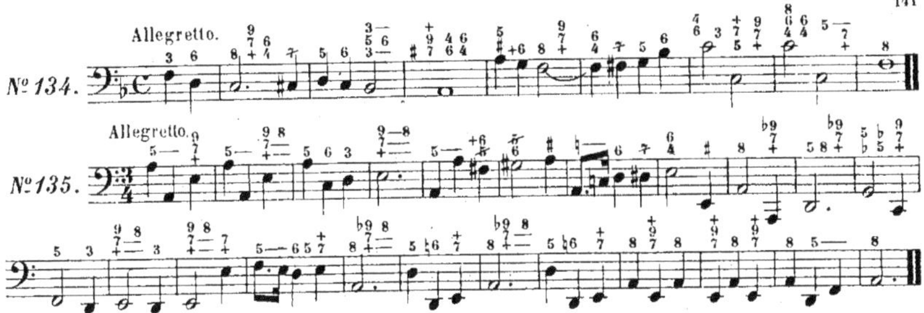

Nº 134.

Nº 135.

28me SÉRIE D'EXERCICES

RÉSOLUTIONS EXCEPTIONNELLES des Accords de Neuvième de dominante

A

B

MARCHES D'HARMONIE

C

D

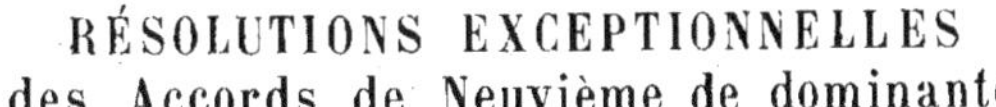

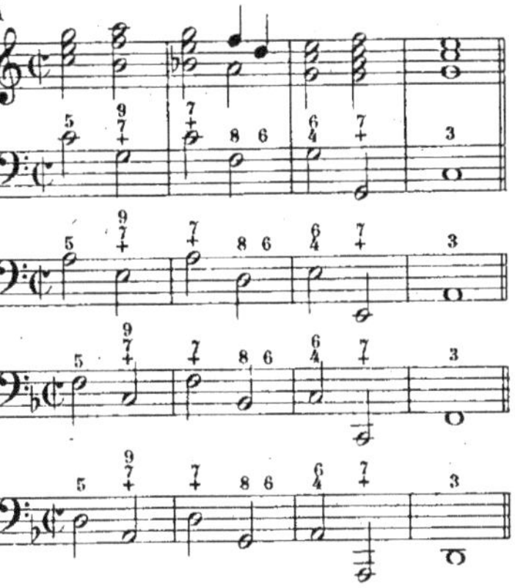

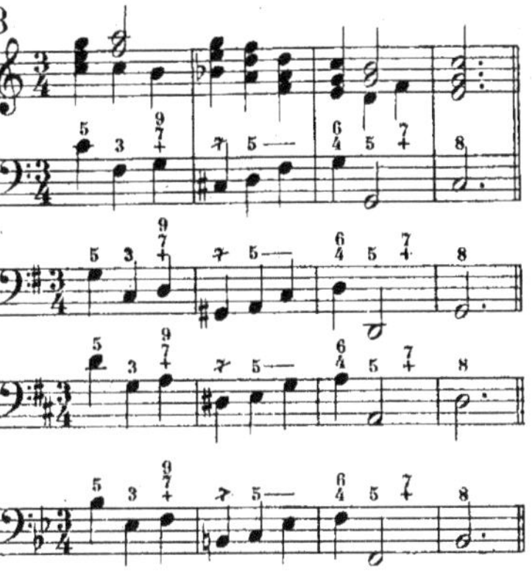

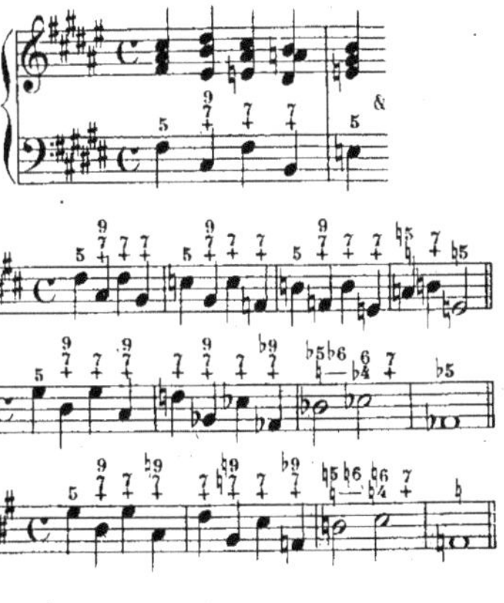

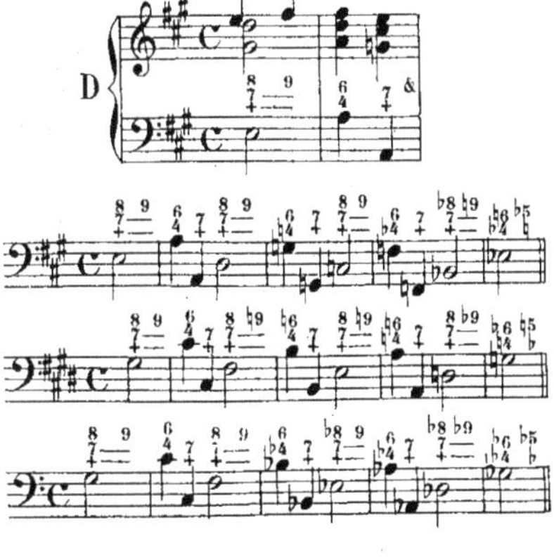

LEÇONS
à exécuter en *position libre*

29ᵐᵉ SÉRIE D'EXERCICES

RENVERSEMENTS
des Accords de Neuvième de dominante
(Voir notre Traité d'Harmonie, pages 290 et 291)

MARCHES D'HARMONIE

PREMIER RENVERSEMENT

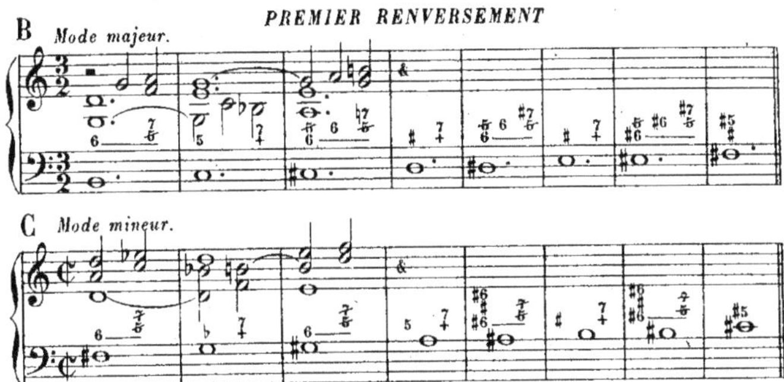

DEUXIÈME RENVERSEMENT
dans les deux modes.

TROISIÈME RENVERSEMENT

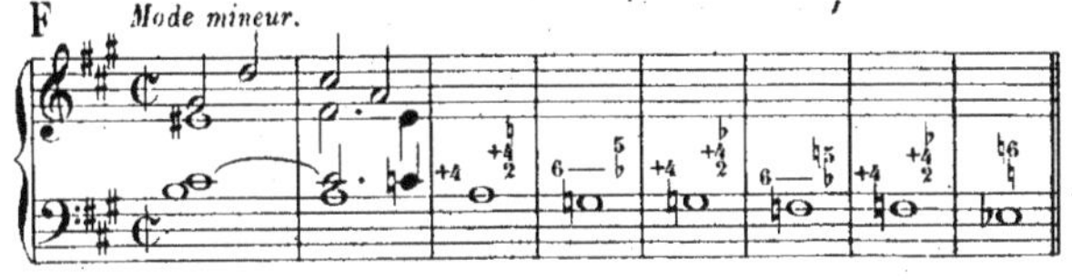

LECON
à exécuter en *position libre.*

ACCORDS de SEPTIÈME et de NEUVIÈME SUR-TONIQUE

(V. Traité d'Harmonie, p. 296 et suivantes)

CHIFFRAGE et DISPOSITION des ACCORDS SUR-TONIQUE

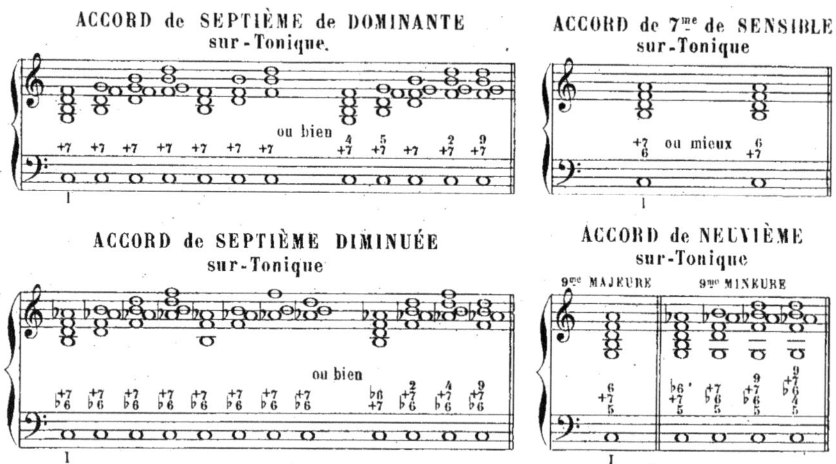

30me SÉRIE D'EXERCICES

RÉSOLUTION NATURELLE
des Accords de Septième et de Neuvième sur-Tonique

SEPTIÈME de DOMINANTE SUR-TONIQUE

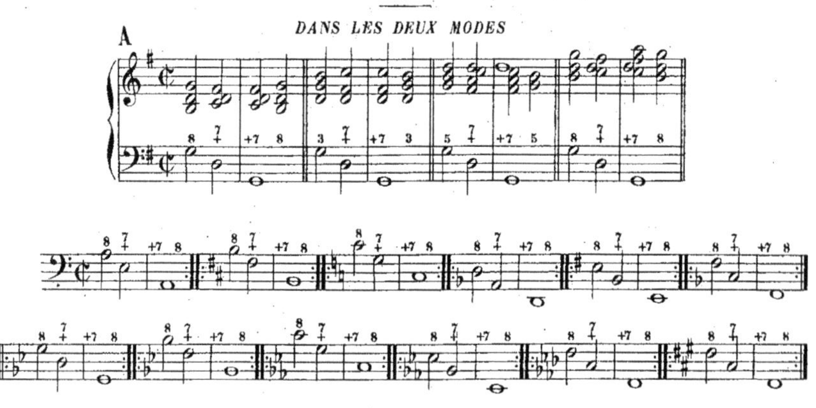

A.L.6703.

SEPTIÈME de SENSIBLE SUR-TONIQUE

MODE MAJEUR

SEPTIÈME DIMINUÉE SUR-TONIQUE

MODE MINEUR

SEPTIÈME de DOMINANTE et SEPTIÈME de SENSIBLE SUR-TONIQUE

MODE MAJEUR

SEPTIÈME de DOMINANTE et SEPTIÈME DIMINUÉE SUR-TONIQUE

MODE MINEUR

A.L.6703.

NEUVIÈME de DOMINANTE SUR-TONIQUE

DANS LES DEUX MODES

RÉSOLUTIONS EXCEPTIONNELLES
des Accords de Septième et de Neuvième sur-Tonique

SEPTIÈME de DOMINANTE SUR-TONIQUE

SEPTIÈME de SENSIBLE SUR-TONIQUE

MODE MAJEUR

SEPTIÈME DIMINUÉE SUR-TONIQUE

MODE MINEUR

MARCHE D'HARMONIE
(deux positions)

NEUVIÈME de DOMINANTE SUR-TONIQUE

MARCHE D'HARMONIE
(une position)

N.B.—Etudier la *Basse chiffrée* Nº 212 de notre *Traité d'Harmonie* p. 304.

FIN de la DEUXIÈME PARTIE

TROISIÈME PARTIE

HARMONIE DISSONANTE ARTIFICIELLE

ACCORDS de SEPTIÈME par PROLONGATION

ÉTAT FONDAMENTAL

(Voir notre Traité d'Harmonie, page 307 et suivantes)

---

§ **69.**— En général, les accords de *septième par prolongation* se chiffrent par **7**, quelle que soit la position qu'on doive leur donner (*)

L'accord de septième du *2ᵈ degré du mode mineur* se chiffre par $\frac{7}{5}$.

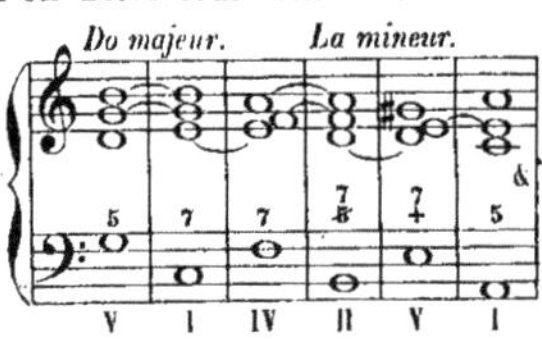

Mais, pour *préciser certaines dispositions de leurs notes supérieures*, on peut chiffrer ces accords des diverses manières suivantes :

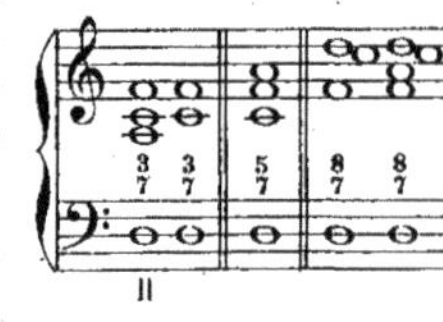

§ **70.**— Rappelons que, dans tout accord de *septième par prolongation*, la *septième* doit être *préparée* et se *résoudre* en *descendant d'un degré;* à moins qu'il n'y ait *non-résolution*, auquel cas la *septième* doit rester *stationnaire* pour se *résoudre* ensuite.

31ᵐᵉ SÉRIE D'EXERCICES

ACCORD de SEPTIÈME du 2ᵈ DEGRÉ
des deux Modes
employé dans les Formules de Cadences

A

(*) Au besoin, on ajoute les *signes accidentels* qui peuvent être nécessaires pour obtenir la *tierce*, la *quinte* ou la *septième* voulues.

B
C
D

ACCORD de SEPTIÈME du 6.me DEGRÉ

DANS LES DEUX MODES

E

ACCORDS de SEPTIÈME sur tous les DEGRÉS

MARCHE D'HARMONIE

F

LEÇONS
à exécuter en position libre.

N.° 145.

N.° 146.

ACCORDS de QUINTE et SIXTE

RENVERSEMENTS des ACCORDS de SEPTIÈME par PROLONGATION

(V. Traité d'Harmonie p. 310 et 311)

§ **71.**— En général, les accords de *quinte et sixte* se chiffrent par $\frac{6}{5}$; et l'on ajoute, au besoin, *les signes accidentels* qui peuvent être nécessaires pour obtenir la *tierce*, la *quinte* ou la *sixte* voulues.

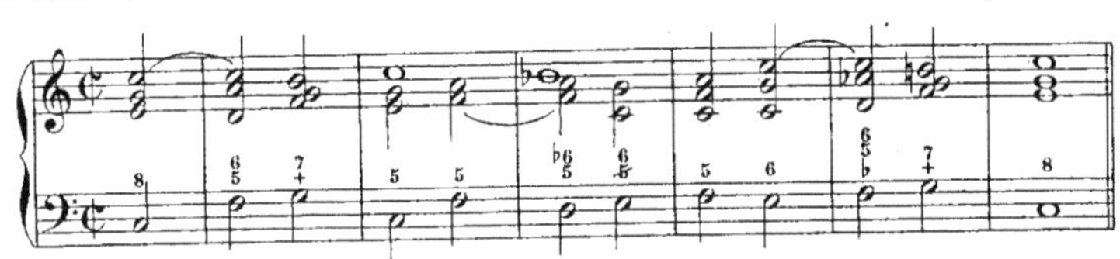

Pour indiquer *certaines dispositions* de ces accords, on peut les chiffrer des diverses manières suivantes:

§ **72.**— Rappelons-nous que, dans tout accord de *quinte et sixte par prolongation*, la *quinte* doit être *préparée* et se *résoudre* en *descendant* d'un degré; à moins qu'il n'y ait *non-résolution* de la dissonance, auquel cas la *quinte* doit rester *stationnaire* pour se *résoudre* ensuite.

32me SÉRIE D'EXERCICES

ACCORD de QUINTE et SIXTE du 4me DEGRÉ
des deux Modes
(1er RENVERSEMENT de L'ACCORD de SEPTIÈME du 2^d DEGRÉ)
employé dans les Formules de Cadences

B
ACCORDS de QUINTE et SIXTE sur DIFFÉRENTS DEGRÉS
MARCHE D'HARMONIE
C
LEÇONS
(à exécuter en différents tons: la 1te dans trois positions libres et la 2de dans la position indiquée)
N.º 147.
Allegro.
N.º 148.

ACCORDS de TIERCE et QUARTE

RENVERSEMENTS des ACCORDS de SEPTIÈME par PROLONGATION
(V. Traité d'Harmonie, p. 311 et 312)

§ **73.**— En général, les accords de *tierce et quarte* se chiffrent par $\frac{4}{3}$; et l'on ajoute, au besoin, les *signes accidentels* qui peuvent être nécessaires pour obtenir la *tierce*, la *quarte* ou la *sixte* voulues.

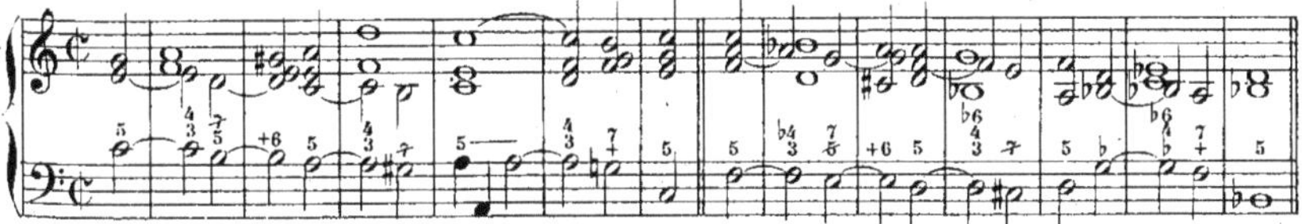

Pour indiquer *certaines dispositions* de leurs notes supérieures, on peut chiffrer les accords de *tierce et quarte* des diverses manières suivantes:

§ **74.**— La *tierce* de ces accords doit être *préparée* et se *résoudre* en *descendant* d'un degré; à moins qu'il n'y ait *non-résolution* de la dissonance, auquel cas la *tierce* reste *stationnaire* pour se *résoudre* ensuite.

33ᵐᵉ SÉRIE D'EXERCICES

ACCORD de TIERCE et QUARTE du 6ᵐᵉ DEGRÉ
des deux Modes
(2ᵐᵉ RENVERSEMENT de L'ACCORD de SEPTIÈME du 2ᵈ DEGRÉ)

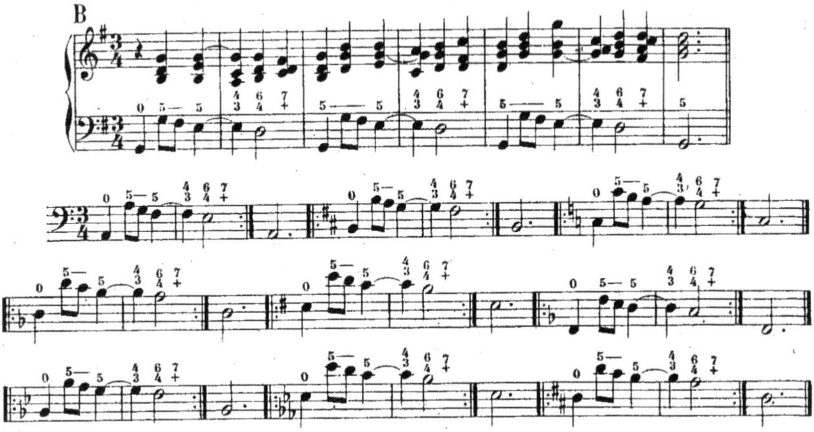

ACCORD de TIERCE et QUARTE du 1er DEGRÉ

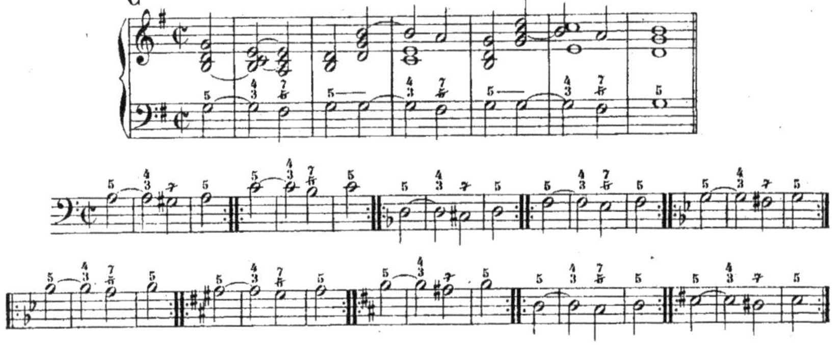

ACCORDS de TIERCE et QUARTE sur DIFFÉRENTS DEGRÉS

MARCHES D'HARMONIE
(à exécuter en différents tons.)

E
LEÇONS.
(à exécuter en position libre.)
Tempo giusto.
Nº 149.
Maestoso.
Nº 150.
A.L.6703.

ACCORDS de SECONDE

RENVERSEMENTS des ACCORDS de SEPTIÈME par PROLONGATION

(V. Traité d'Harmonie, p. 313 et 314)

§ 75.—En général, on chiffre les accords de *seconde* par 2.

Mais, pour mieux *préciser* certaines dispositions de leurs *notes supérieures*, on peut chiffrer ces accords des diverses manières suivantes:

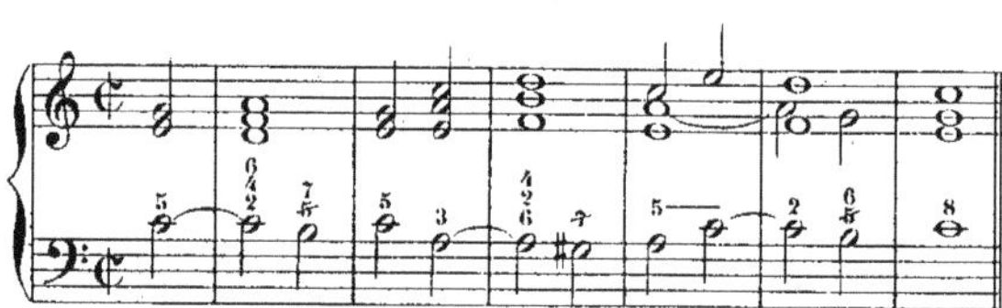

§ 76.— Au besoin, on ajoute les *signes accidentels* qui peuvent être nécessaires pour obtenir la *seconde*, la *quarte* ou la *sixte* voulues.

34me SÉRIE D'EXERCICES

ACCORD de SECONDE du 1er DEGRÉ
des deux Modes

(3me RENVERSEMENT de l'ACCORD de SEPTIÈME du 2^d DEGRÉ)

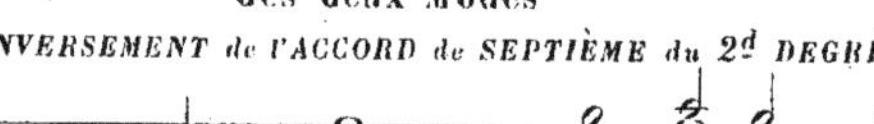

ACCORDS de SECONDE sur DIFFÉRENTS DEGRÉS

MARCHES D'HARMONIE
(à exécuter en différents tons.)

LEÇONS
à exécuter dans la *position* indiquée par les chiffres.

No 151.

No 152.

Moderato.

No 153.

ALTÉRATIONS
(V. Traité d'Harmonie, p. 324 et suivantes.)

RÉSOLUTIONS EXCEPTIONNELLES
(V. Traité d'Harmonie, p. 332)

ACCORDS BRISÉS
(V. Traité d'Harmonie, p. 333)

ÉCHANGES de NOTES avec NOTES de PASSAGE

LEÇONS

sur les *Variantes* avec *broderies et notes de passage.*
(V. Traité d'Harmonie, p.335)

DES RETARDS

(V. Traité d'Harmonie, p. 337 à 345)

RETARD SUPÉRIEUR de la FONDAMENTALE
dans les Accords de trois sons

ÉTAT FONDAMENTAL

ACCORDS de SECONDE et QUARTE
ou
RETARD de la BASSE
dans l'Accord parfait majeur, l'Accord parfait mineur
et l'Accord de Quinte diminuée.

§ 77. — On chiffre ces accords par $\frac{4}{2}$ ou $\frac{2}{4}$ (avec leur résolution naturelle, $\frac{4}{2}$— ou $\frac{2}{4}$—) Le plus souvent, ils se font à trois parties seulement. (V. Traité d'Harmonie, p. 348 à 350)

35ᵐᵉ SÉRIE D'EXERCICES

C

D

MARCHES D'HARMONIE
à transposer en différents tons.

E

F

LEÇONS

à exécuter dans la position indiquée par le *chiffrage*.

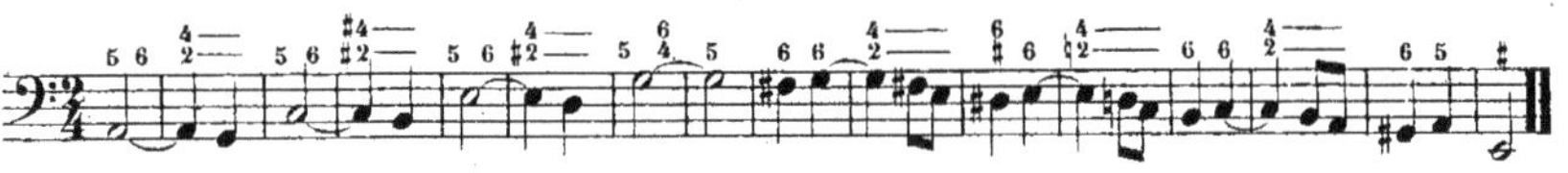

Nº 160.

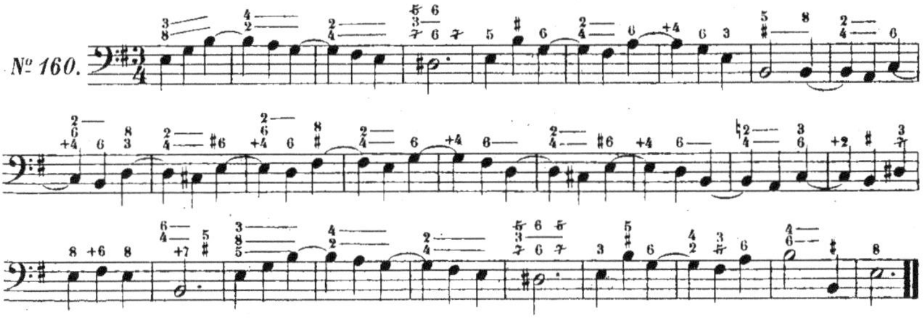

Nº 161.

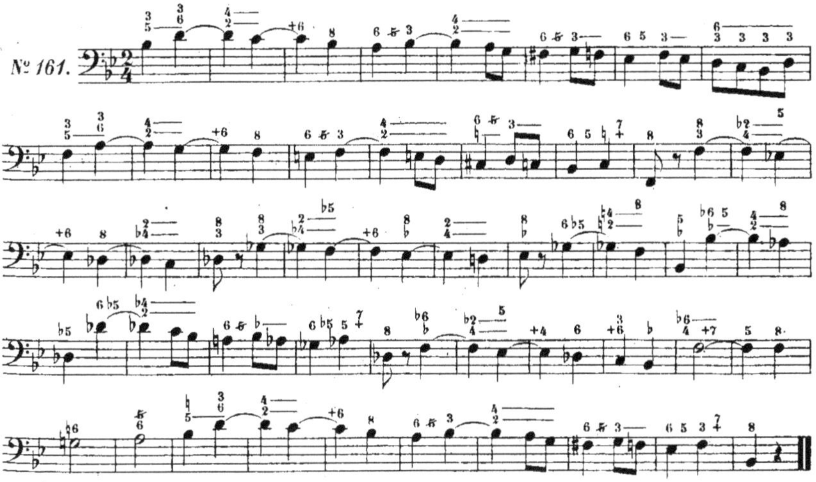

Nº 162.

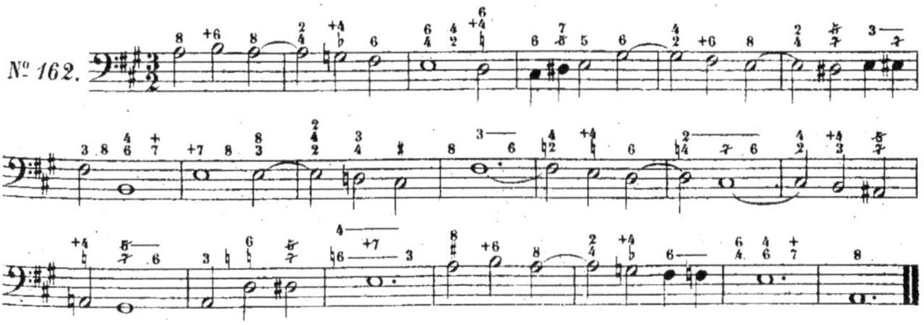

RETARD de la SIXTE par la SEPTIÈME
dans les Accords de Sixte
(V. Traité d'Harmonie, p. 352 et 353)

§ **78.**—On chiffre ces accords par 7 ou $\frac{3}{7}$ (avec leur résolution naturelle: 7 6 ou $\frac{3}{7\,6}$) on les réalise souvent à trois parties seulement.

36me SÉRIE D'EXERCICES

MARCHES D'HARMONIE
à exécuter en différents tons

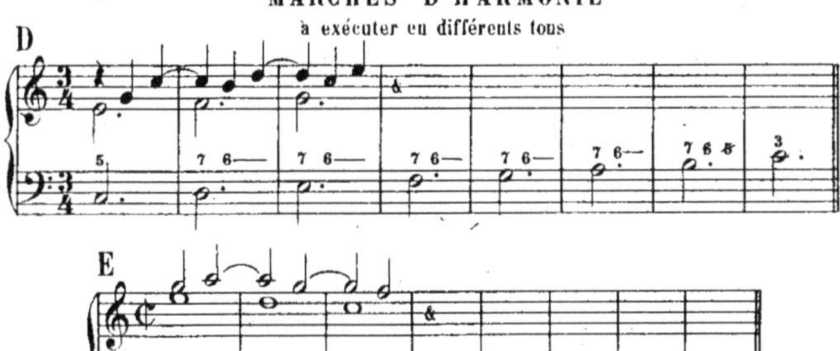

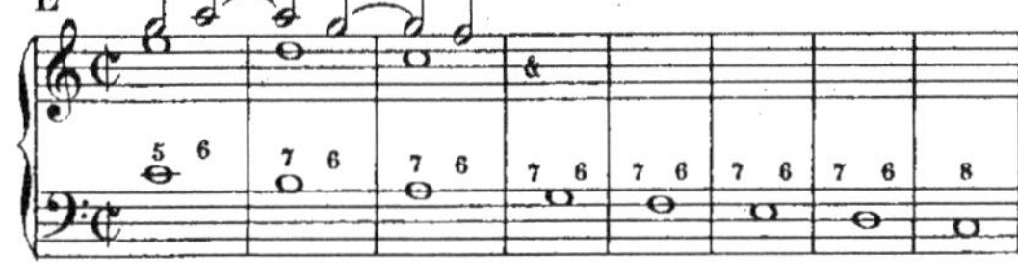

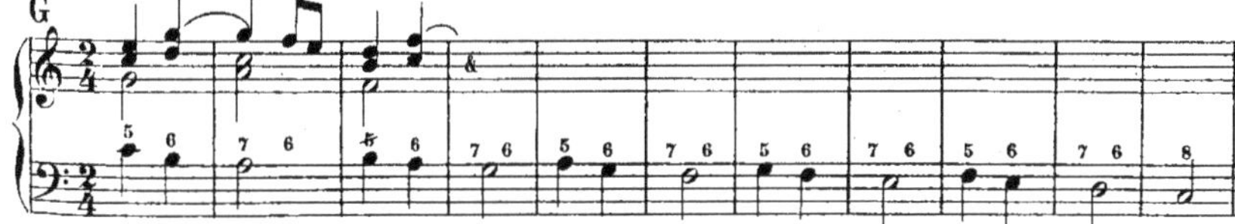

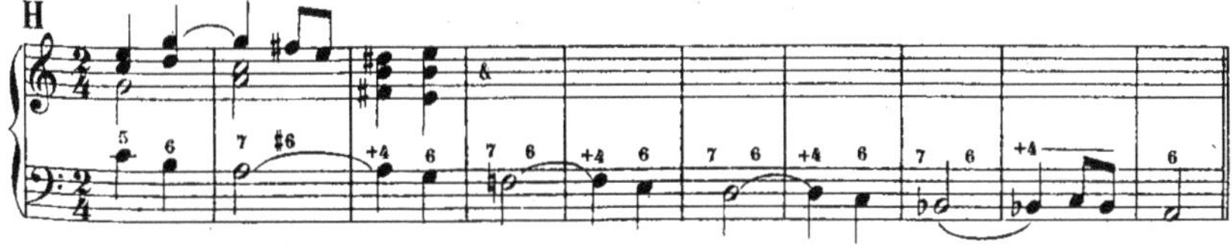

LEÇONS

Moderato.
Nº 163.
Allegretto.
Nº 164.
Tempo giusto.
Nº 165.
Allegro.
Nº 166.

RETARD de la QUARTE par la QUINTE
dans les Accords de Quarte et Sixte

§ 79.— On chiffre ces accords par $\frac{6}{5}$ ou $\frac{5}{6}$ (avec leur résolution naturelle: $\frac{6}{5}\frac{}{4}$ ou $\frac{5}{6}\frac{4}{}$)

(V. Traité d'Harmonie, p. 358 et 359)

37me SÉRIE D'EXERCICES

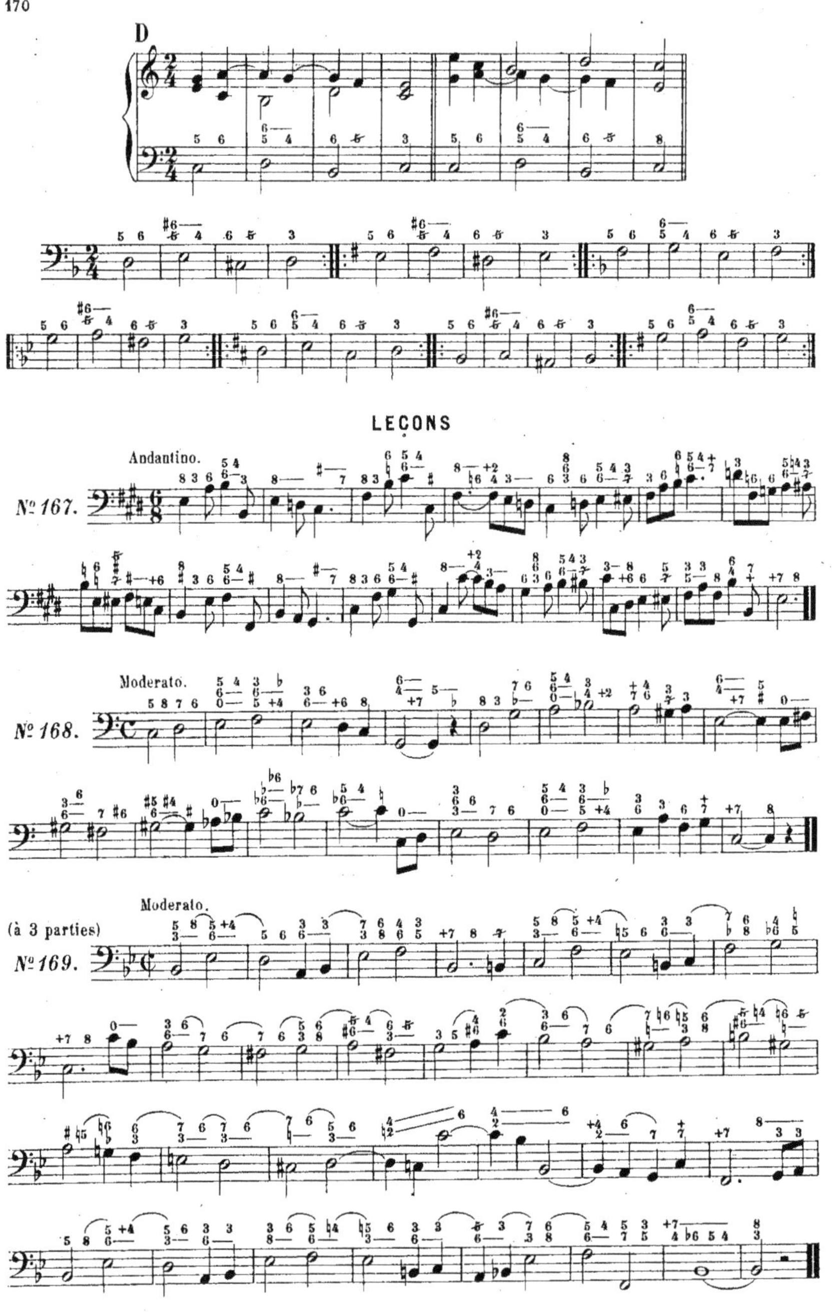

D
LEÇONS
Andantino.
Nº 167.
Moderato.
Nº 168.
Moderato.
(à 3 parties)
Nº 169.

RETARD de la TIERCE par la QUARTE
dans les Accords de trois sons

ÉTAT FONDAMENTAL
ACCORDS de QUARTE et QUINTE

§ 80.— On chiffre ces accords par $\frac{5}{4}$ ou $\frac{4}{5}$ (avec leur résolution naturelle: $\frac{5}{4}\frac{}{3}$ ou $\frac{4}{5}\frac{3}{}$)
(V. Traité d'Harmonie, p. 364, 365 et 366)

38me SÉRIE D'EXERCICES

MARCHES D'HARMONIE
à transposer en différents tons

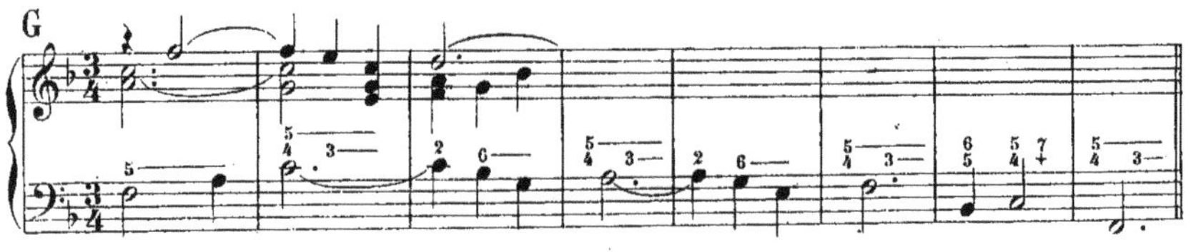

LEÇONS

ACCORDS de SECONDE et QUINTE
ou
RETARD de la BASSE dans les ACCORDS de SIXTE

§ **81.**—On chiffre ces accords par $\frac{5}{2}$ ou $\frac{2}{5}$ (avec leur résolution naturelle: $\frac{5}{2}$—ou $\frac{2}{5}$—)
(V. Traité d'Harmonie, p. 369 et 370)

39ᵐᵉ SÉRIE D'EXERCICES

MARCHES D'HARMONIE
à transposer en différents tons

LEÇONS
Moderato.
N.º 173.
Mouvement de Valse.
N.º 174.

ACCORDS de QUARTE et SEPTIÈME
ou
RETARD de la SIXTE dans les ACCORDS de QUARTE et SIXTE

§ **82.** — On chiffre ces accords par $\frac{7}{4}$ ou $\frac{4}{7}$ (avec leur résolution naturelle: $\frac{7}{4}\frac{6}{}$ ou $\frac{4}{7}\frac{}{6}$)
(Voir notre Traité d'Harmonie, p. 371 et 372)

40ᵐᵉ SÉRIE D'EXERCICES

MARCHE dont les PARTIES SUPÉRIEURES se font SANS SYMÉTRIE

E

F

LEÇONS

Andantino.
N.° 175.

Moderato.
N.° 176.

Molto moderato.
N.° 177.

RETARD de l'OCTAVE par la NEUVIÈME
dans les Accords de trois sons fondamentaux.

§ 83. — On chiffre ces accords par 9 ou $\frac{9}{5}$ (avec leur résolution naturelle: 9 8 ou $\frac{9}{5}\frac{8}{5}$)
(Voir notre Traité d'Harmonie, p. 373 à 375)

41ᵐᵉ SÉRIE D'EXERCICES

MARCHES D'HARMONIE
à transposer en différents tons

K
L
M
LEÇONS
Moderato.
Nº 178.
Nº 179.

RETARD de l'OCTAVE par la NEUVIÈME
dans les Accords de Sixte

§ **84.** — On chiffre ces accords par $\frac{9}{6}$ (avec leur résolution naturelle : $\frac{9}{6}\underline{}8$)
(Voir notre Traité d'Harmonie, p. 380 à 382)

42me SÉRIE D'EXERCICES

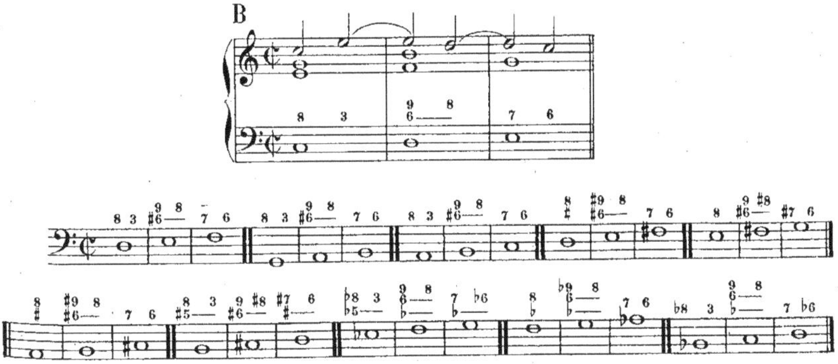

LEÇON

N° 180.

RETARD de l'OCTAVE par la NEUVIÈME
dans les Accords de Quarte et Sixte

§ 85. — On chiffre ces accords par $\frac{9}{6}$ (avec leur résolution naturelle: $\frac{9}{6}\frac{8}{4}$)
(Voir notre Traité d'Harmonie, p. 380 à 382)

43me SÉRIE D'EXERCICES

LEÇON

N° 181.

DES RETARDS SIMULTANÉS

(V. notre Traité d'Harmonie, p. 383 à 385)

ACCORDS de TROIS SONS FONDAMENTAUX

RETARDS SIMULTANÉS de la TIERCE et de l'OCTAVE
par la Quarte et la Neuvième

§ 86.— Ce double-retard se chiffre par $\frac{9}{4}$ ou $\frac{4}{9}$ ou $\frac{9}{4}$ (avec sa résolution naturelle: $\frac{9}{4}\frac{8}{3}$ ou $\frac{4}{9}\frac{3}{8}$)

44ᵐᵉ SÉRIE D'EXERCICES

RETARDS SIMULTANÉS de la TIERCE et de la QUINTE
par la Quarte et la Sixte dans les Accords de trois sons fondamentaux

§ 87.—Ce double-retard se chiffre par $\frac{6}{4}$ ou $\frac{6}{4}$ (avec sa résolution naturelle: $\frac{6}{4}\frac{5}{3}$ ou $\frac{6}{4}\frac{5}{3}$)

45ᵐᵉ SÉRIE D'EXERCICES

MARCHES D'HARMONIE
à exécuter en *différents tons.*

RETARDS SIMULTANÉS de la SIXTE et de l'OCTAVE par la Septième et la Neuvième dans les Accords de Sixte

§ 88.– Ce double-retard se chiffre par $\genfrac{}{}{0pt}{}{9}{7}$ ou $\genfrac{}{}{0pt}{}{7}{9}$ (avec sa résolution naturelle: $\genfrac{}{}{0pt}{}{9}{7}\genfrac{}{}{0pt}{}{8}{6}$ ou $\genfrac{}{}{0pt}{}{7}{9}\genfrac{}{}{0pt}{}{6}{8}$)

46me SÉRIE D'EXERCICES

A

B

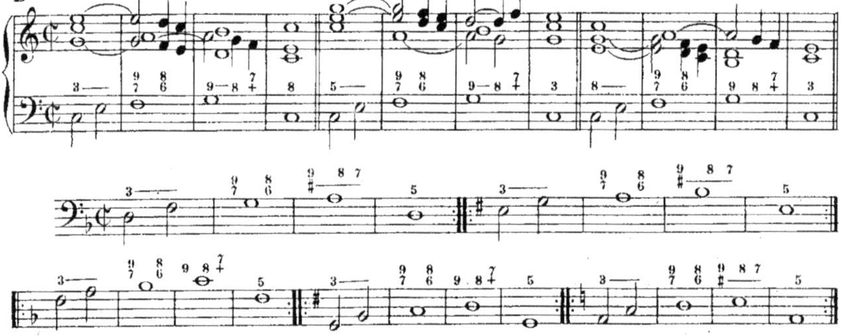

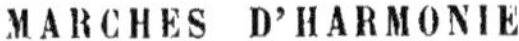

MARCHES D'HARMONIE

à exécuter en *différents tons.*

C

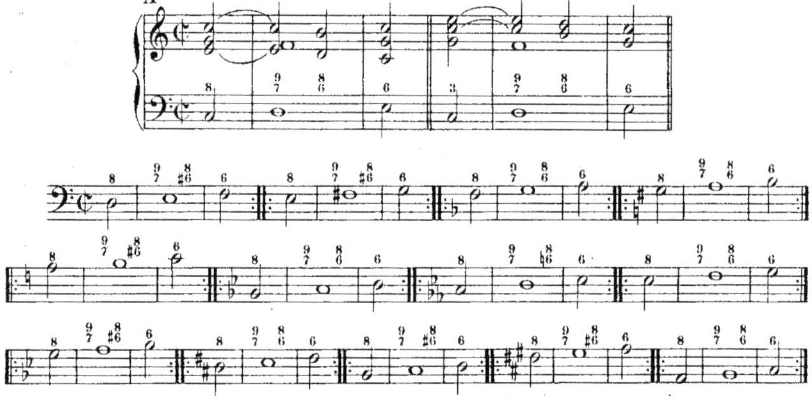

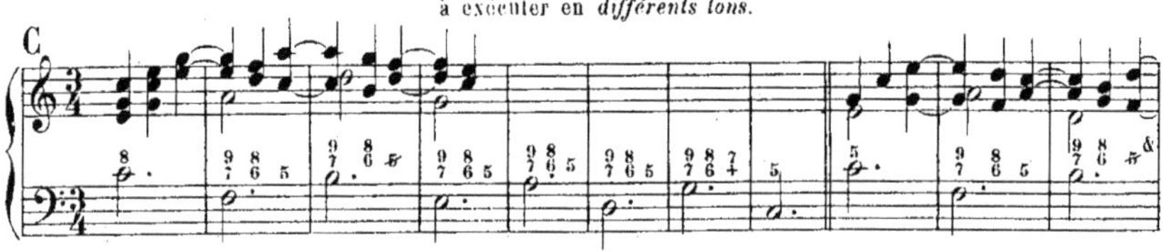

D

E

LECONS

N° 182.

N° 183.

RETARDS SIMULTANÉS de la QUARTE et de la SIXTE
par la Quinte et la Septième dans les Accords de Quarte et Sixte

§ 89 — On chiffre ce double-retard par $\frac{7}{5}$ (avec sa résolution naturelle: $\frac{7}{5}\,\frac{6}{4}$)

(V. Traité d'Harmonie, p. 384 et 385)

47me SÉRIE D'EXERCICES

A

B
C

RETARDS SIMULTANÉS de la SIXTE et de l'OCTAVE
par la Septième et la Neuvième dans les Accords de Quarte et Sixte

§ **90.** — On chiffre ce double retard par $\frac{9}{4}$ (avec sa résolution naturelle : $\frac{9\ 8}{4\ 6}$)

(V. Traité d'Harmonie, p. 384)

48me SÉRIE D'EXERCICES

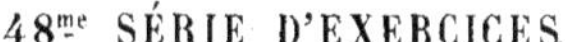

LEÇONS
(Etudier d'abord la Leçon N° 276 du Traité d'Harmonie p. 387)

N° *184.*

RETARDS SIMULTANÉS à RÉSOLUTIONS SUCCESSIVES

N° *185.*

RETARD de la TIERCE par la QUARTE
dans l'Accord de Septième de Dominante

§ 91. — On chiffre ce retard par $\frac{7}{5}\frac{7}{4}$ (avec sa résolution naturelle: $\frac{7}{5}\frac{7}{4}+$)

(V. notre Traité d'Harmonie, p. 393 à 395)

49ᵐᵉ SÉRIE D'EXERCICES

MARCHES D'HARMONIE
à exécuter en *différents tons.*

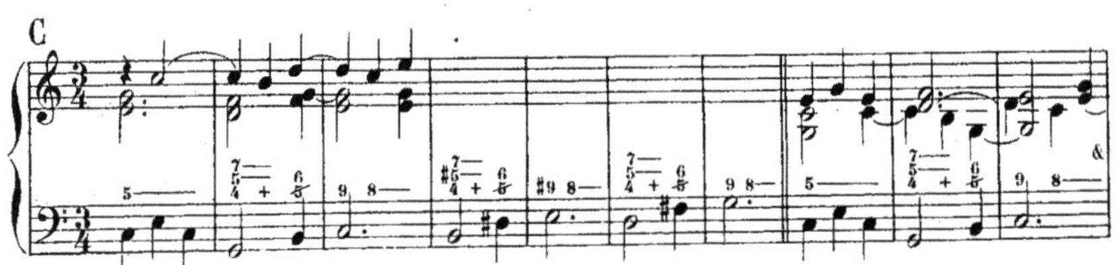

RETARD de la BASSE par son DEGRÉ SUPÉRIEUR
dans l'Accord de Quinte diminuée et Sixte

§ 92. — On chiffre ce retard par $\frac{5}{4}$ (avec sa résolution naturelle : $\frac{5}{2}$)

(V. Traité d'Harmonie, p. 393 à 395)

50ᵐᵉ SÉRIE D'EXERCICES

MARCHES D'HARMONIE
à exécuter en *différents tons.*

RETARD de la SIXTE par la SEPTIÈME
dans l'Accord de Sixte Sensible

§ **93.**—On chiffre ce retard par $\frac{7}{4}_{3}$ (avec sa résolution naturelle: $\frac{7}{4}_{3}$ —$^{+6}$ ou $\frac{7}{4}_{3}$ +6)

(V. Traité d'Harmonie, p. 393 à 395)

51me SÉRIE D'EXERCICES

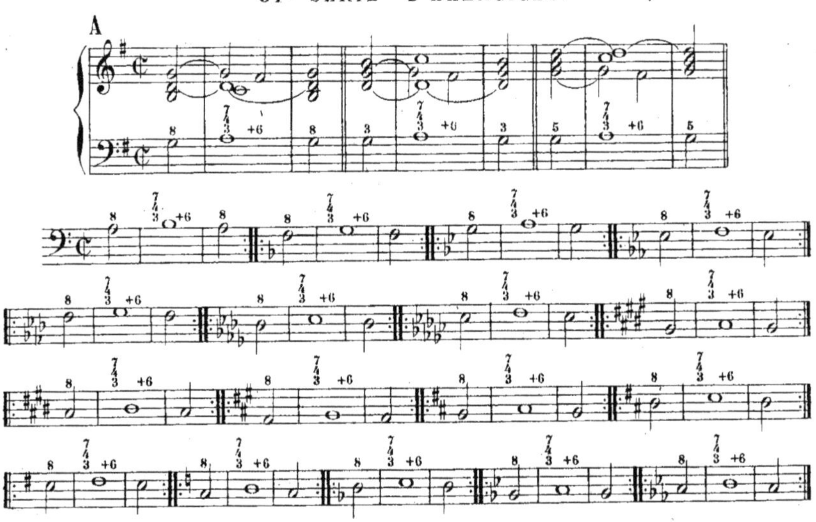

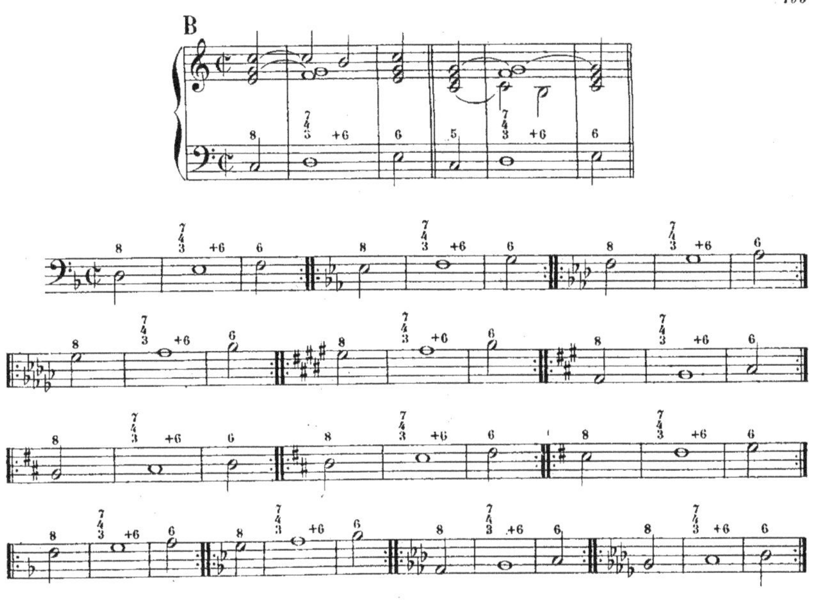

MARCHES D'HARMONIE
à transposer en *différents tons.*

RETARD de la QUARTE par la QUINTE
dans l'Accord de Triton

§ **94.**—On chiffre ce retard par $\frac{6}{2}$ (avec sa résolution naturelle: $\frac{6}{2}$ +4 ou $\frac{6}{5}$ +4)

52ᵐᵉ SÉRIE D'EXERCICES

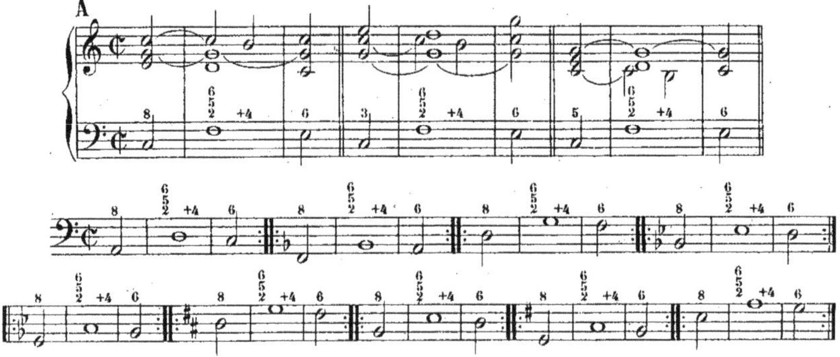

MARCHES D'HARMONIE
à exécuter en différents tons.

LEÇONS
à exécuter en trois positions et en différents tons majeurs et mineurs.
Nº 186.
Nº 187.
LEÇONS
à exécuter dans la position indiquée par le chiffrage.
Larghetto.
Nº 188.
Larghetto.
Nº 189.
Allegretto.
Nº 190.
Allº moderato.
Nº 191.

RETARD de la QUINTE par la SIXTE
dans l'Accord de Septième de Dominante

§ 95.—Ce retard se chiffre par $\frac{6}{7}$ (avec sa résolution naturelle: $\frac{6\ 5}{7\ 4}$)

(V. Traité d'Harmonie, p. 399, 400 et 401)

53me SÉRIE D'EXERCICES

A

MARCHES D'HARMONIE
à exécuter en *différents tons.*

B

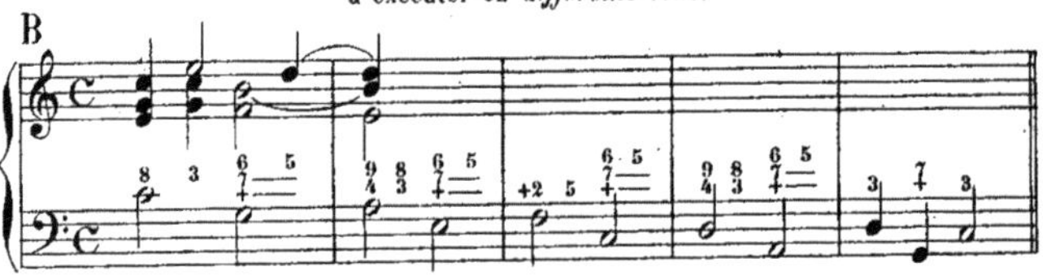

RETARD de la TIERCE par la QUARTE
dans l'Accord de Quinte diminuée et Sixte

§ 96.—Ce retard se chiffre par $\frac{4}{6}$ ou $\frac{4}{6}$ (avec sa résolution naturelle: $\frac{4\ 3}{6}$ ou $\frac{4\ 3}{6}$)

(V. Traité d'Harmonie, p. 399 à 401)

54ᵐᵉ SÉRIE D'EXERCICES

A

MARCHES D'HARMONIE
à exécuter en *différents tons.*

B

C

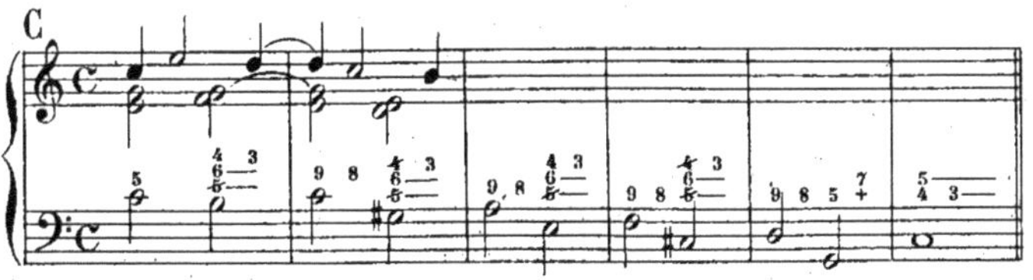

RETARD de la BASSE par son DEGRÉ SUPÉRIEUR
dans l'Accord de Sixte Sensible.

§ 97.— On chiffre ce retard par $^{+5}_{3\ 2}$ (avec sa résolution naturelle: $^{+5}_{3\ 2}$)

(V. Traité d'Harmonie p. 399 à 401)

55ᵐᵉ SÉRIE D'EXERCICES

MARCHES D'HARMONIE
à exécuter en *différents tons.*

RETARD de la SIXTE par la SEPTIÈME
dans l'Accord de Triton

§ 98.— Ce retard se chiffre par $+\frac{7}{4}\frac{}{2}$ (avec sa résolution naturelle: $+\frac{\hat{4}}{2}\frac{6}{}$)

(V. Traité d'Harmonie, p. 399 à 401)

56ᵐᵉ SÉRIE D'EXERCICES

MARCHES D'HARMONIE
à exécuter en *différents tons.*

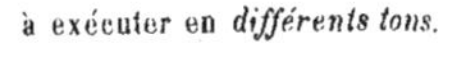

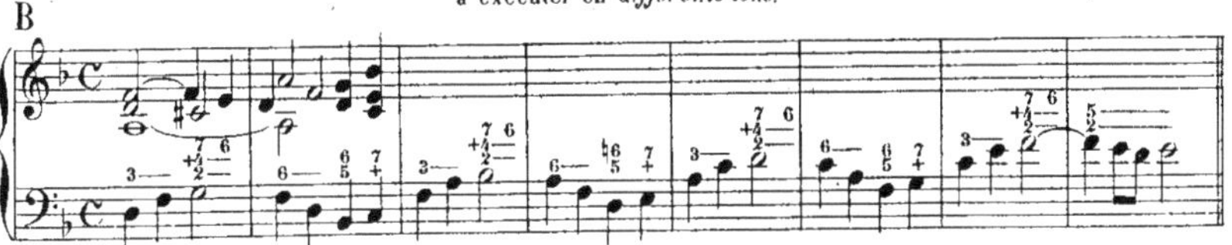

LEÇONS
à exécuter en *une seule position.*

RETARD de la TIERCE par la QUARTE
dans les Accords de Septième de Sensible des deux Modes

§ **99.** — Ce retard se chiffre par $\frac{4}{7}$ en majeur, et $\frac{4}{7}$ en mineur (avec sa résolution natu-relle: $\frac{4}{7}\frac{3}{}$ ou $\frac{4}{7}\frac{3}{}$)

(V. Traité d'Harmonie, p.408)

57me SÉRIE D'EXERCICES

RETARD de la BASSE par son DEGRÉ SUPÉRIEUR
dans l'Accord de Quinte diminuée et Sixte Sensible

§ 100.— Ce retard se chiffre par $^{+5}_{\ 2}$ (avec sa résolution naturelle: $^{+5}_{4}\!=$)

(V. Traité d'Harmonie, p. 408)

58me SÉRIE D'EXERCICES

RETARD de la SIXTE par la SEPTIÈME
dans l'Accord de Triton et Tierce

§ 101.— Ce retard se chiffre par $+\frac{7}{4}$ (avec sa résolution naturelle: $+\frac{7}{4}\frac{6}{3}$)

(V. Traité d'Harmonie, p. 408)

59me SÉRIE D'EXERCICES

TRITON et TIERCE MAJEURE

TRITON et TIERCE MINEURE

(*) Au sujet de ces *deux quintes consécutives,* Voir la note au bas de la page 115.

RETARD de la QUARTE par la QUINTE
dans l'Accord de Seconde augmentée

§ **102.** — Ce retard se chiffre par $+\frac{5}{2}$ (avec sa résolution naturelle: $+\frac{5}{2}\,4$)

(V. Traité d'Harmonie, p. 408)

60me SÉRIE D'EXERCICES

MARCHES D'HARMONIE
à exécuter en *différents tons*.

N.B.— Etudier les *Leçons* N.º 294 et 295 de Notre *Traité d'Harmonie*, p.405.

DES ALTÉRATIONS
(V. Traité d'Harmonie, p. 419 et suivantes.)

61me SÉRIE D'EXERCICES

ALTÉRATION ASCENDANTE de la QUINTE
dans l'Accord parfait majeur
(V. Traité d'Harmonie, p. 424)

MARCHES D'HARMONIE
à exécuter en *différents tons* et dans *trois positions*.

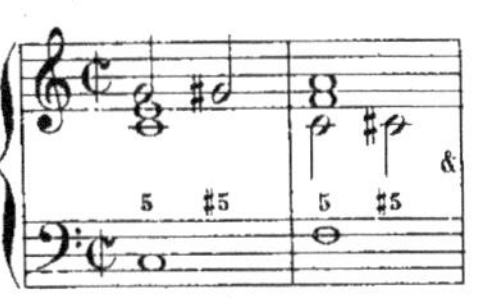
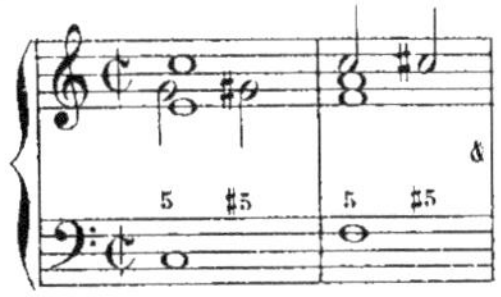

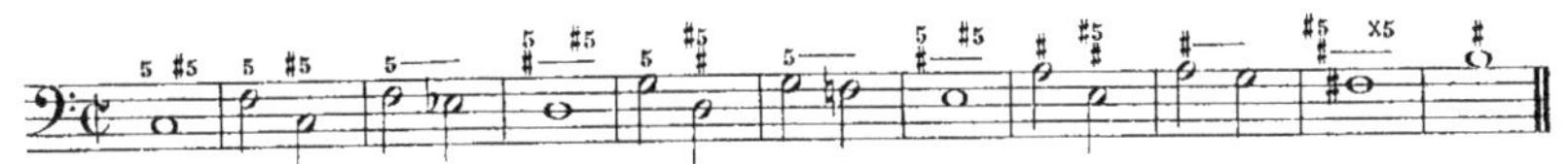

ALTÉRATION ASCENDANTE de la TIERCE
dans l'Accord de Sixte

PREMIER RENVERSEMENT de l'ACCORD PARFAIT MAJEUR

(V. Traité d'Harmonie, § 1055, p. 425)

MARCHES D'HARMONIE
à exécuter en *différents tons.*

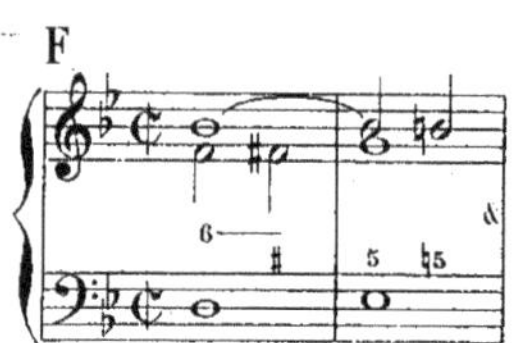

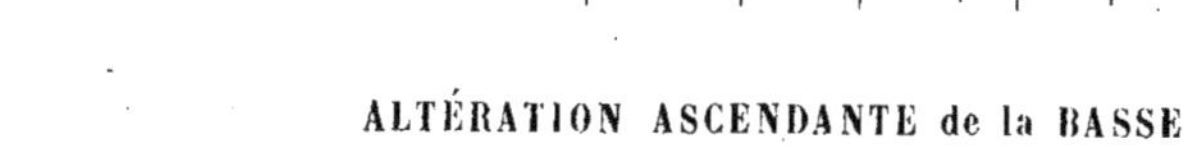

ALTÉRATION ASCENDANTE de la BASSE
dans l'Accord de Quarte et Sixte

SECOND RENVERSEMENT de l'ACCORD PARFAIT MAJEUR

(V. Traité d'Harmonie, § 1056, p. 425)

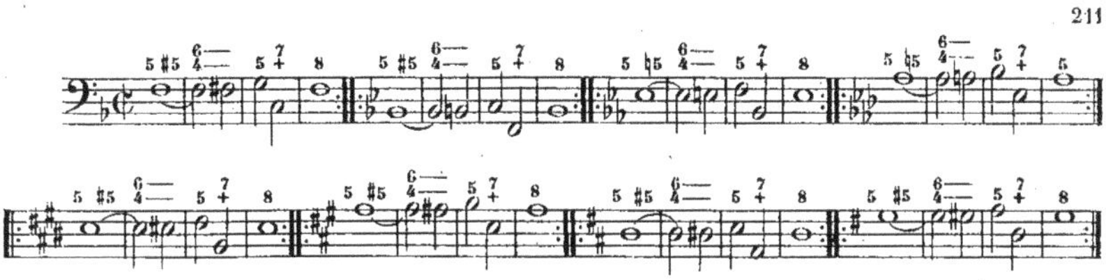

J

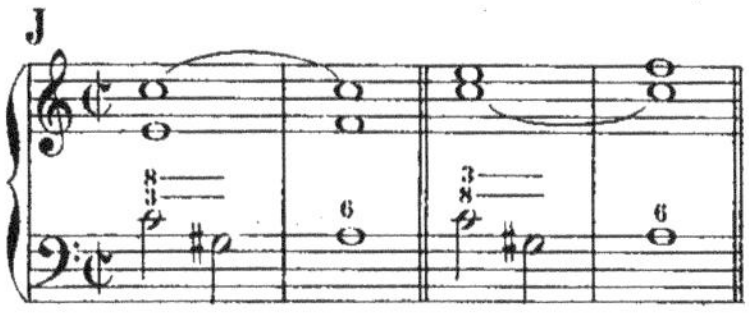

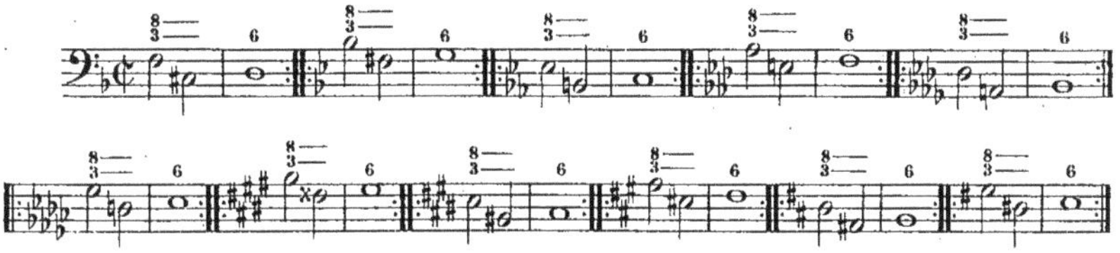

MARCHES D'HARMONIE

à exécuter en *différents tons.*

K

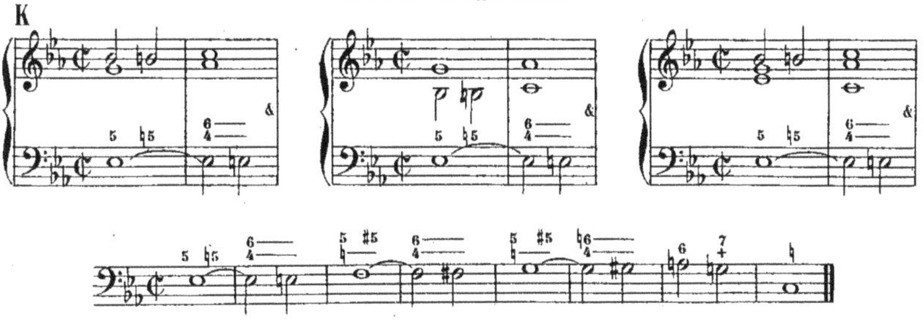

L

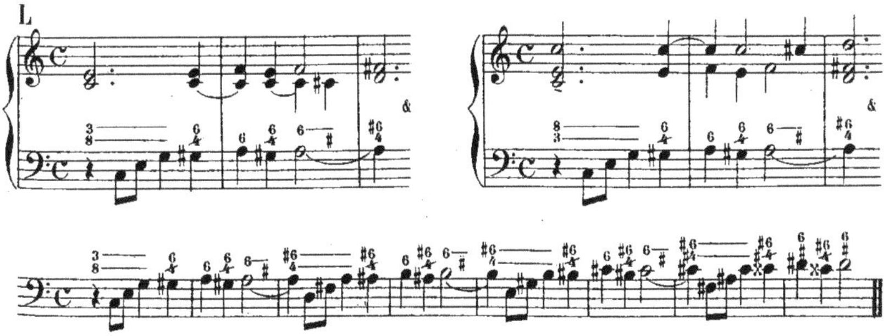

62ᵐᵉ SÉRIE D'EXERCICES

ALTÉRATION DESCENDANTE de la QUINTE
dans l'Accord parfait majeur
(Voir notre Traité d'Harmonie, §§ 1057 et 1058, p. 427)

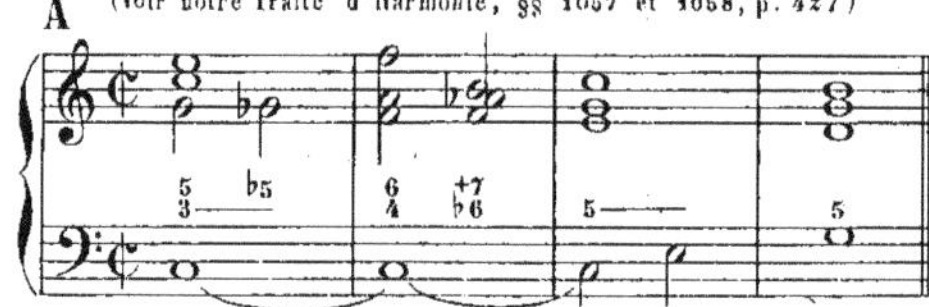

MARCHES D'HARMONIE
à exécuter en *différents tons.*

ALTÉRATION DESCENDANTE de la TIERCE
dans l'Accord de Sixte

PREMIER RENVERSEMENT de l'ACCORD PARFAIT MAJEUR
(V. Traité d'Harmonie, § 1059, p.427)

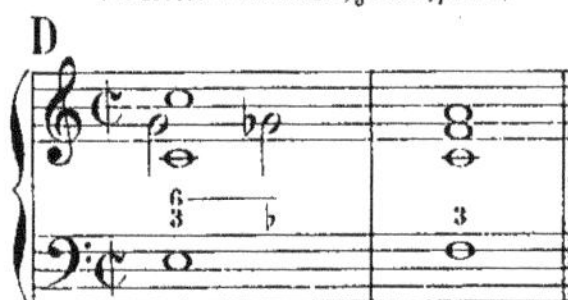

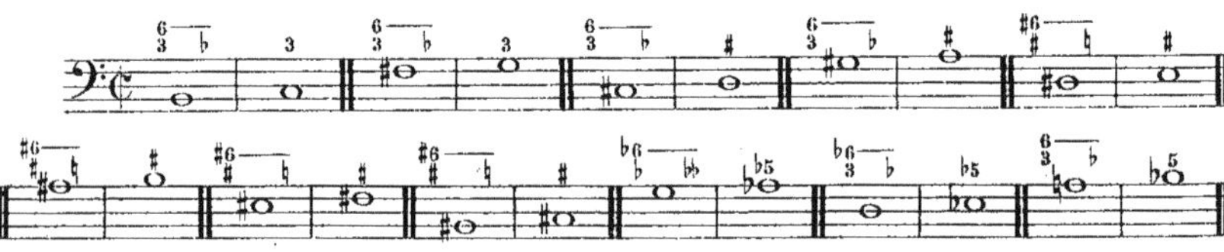

ALTÉRATION DESCENDANTE de la BASSE
dans l'Accord de Quarte et Sixte

SECOND RENVERSEMENT de l'ACCORD PARFAIT MAJEUR
(V. Traité d'Harmonie, § 1060, p.427)

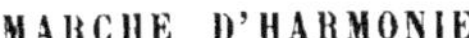

MARCHE D'HARMONIE

LEÇON

N° 198.

63ᵐᵉ SÉRIE D'EXERCICES

ALTÉRATION ASCENDANTE de l'OCTAVE
dans l'Accord parfait majeur
(V. Traité d'Harmonie, p.430)

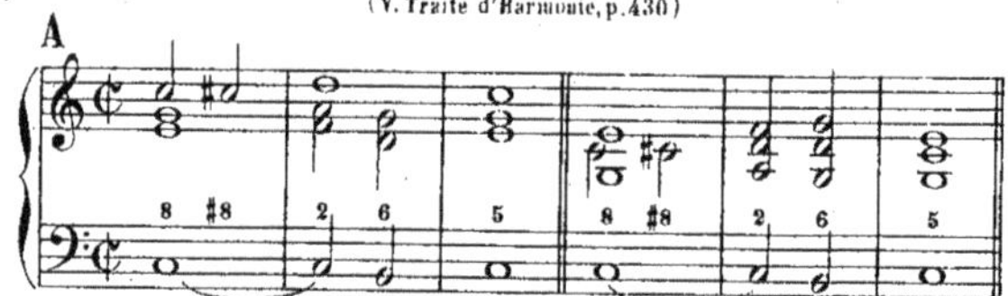

MARCHES D'HARMONIE
à exécuter en *différents tons.*

64.me SÉRIE D'EXERCICES

ALTÉRATION ASCENDANTE de la FONDAMENTALE
dans l'Accord parfait mineur et ses renversements
(V. Traité d'Harmonie, p. 437)

ACCORD FONDAMENTAL

B
PREMIER RENVERSEMENT
C
D
A.L.6703.

SECOND RENVERSEMENT

MARCHES D'HARMONIE
à exécuter en *différents tons*.

ALTÉRATION ASCENDANTE de la QUINTE
dans l'Accord parfait mineur et ses renversements

ÉTAT FONDAMENTAL

PREMIER RENVERSEMENT

SECOND RENVERSEMENT

MARCHES D'HARMONIE
à exécuter en différents tons.
ALTÉRATION ASCENDANTE de l'OCTAVE
dans l'Accord parfait mineur
(V. Traité d'Harmonie, p.439)
MARCHE D'HARMONIE
A.L.6703.

ALTÉRATION DESCENDANTE de la FONDAMENTALE
dans l'Accord parfait mineur

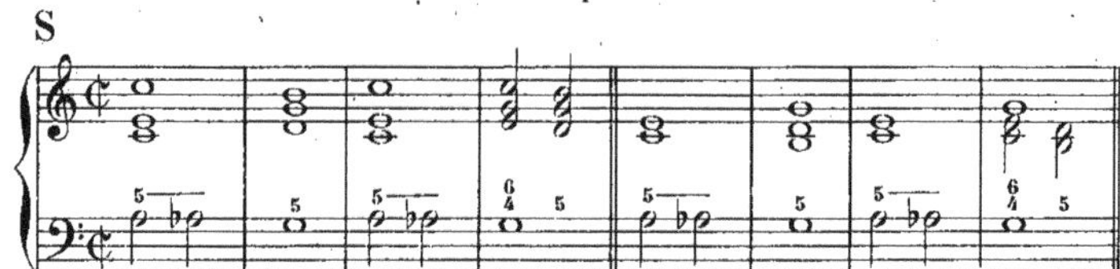

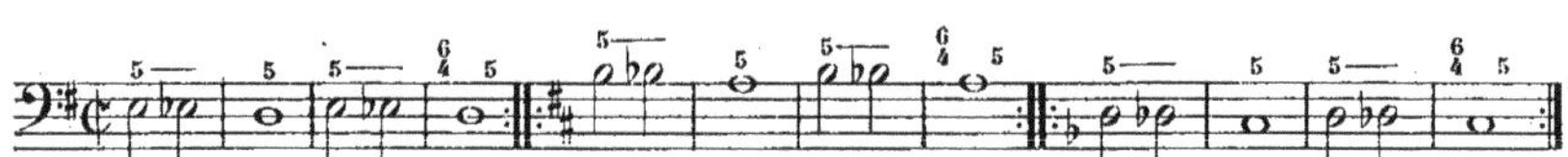

MARCHES D'HARMONIE

ALTÉRATION DESCENDANTE de l'OCTAVE
dans l'Accord parfait mineur
(V. Traité d'Harmonie, § 1092, p. 440)

LEÇON

Mouvement de Marche.

Nº 200.

65ᵐᵉ SÉRIE D'EXERCICES

ALTÉRATION ASCENDANTE de la TIERCE
dans l'Accord de Quinte diminuée et ses renversements
(V. Traité d'Harmonie, p.444)

ÉTAT FONDAMENTAL

A

PREMIER RENVERSEMENT

B

SECOND RENVERSEMENT

C

ALTÉRATION DESCENDANTE de la TIERCE
dans l'Accord de Quinte diminuée et ses renversements
(V. Traité d'Harmonie, p. 445)

D — *ÉTAT FONDAMENTAL*

E — *PREMIER RENVERSEMENT*

F

LEÇON

Nº 201.

66me SÉRIE D'EXERCICES

ALTÉRATION ASCENDANTE de la QUINTE
dans l'Accord de Septième de Dominante et ses renversements
(V. Traité d'Harmonie, p.446)

A *ÉTAT FONDAMENTAL*

B *PREMIER RENVERSEMENT*

C *DEUXIÈME RENVERSEMENT*

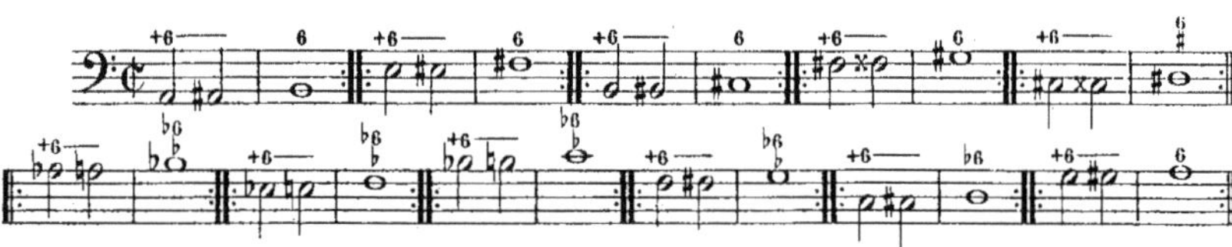

TROISIÈME RENVERSEMENT

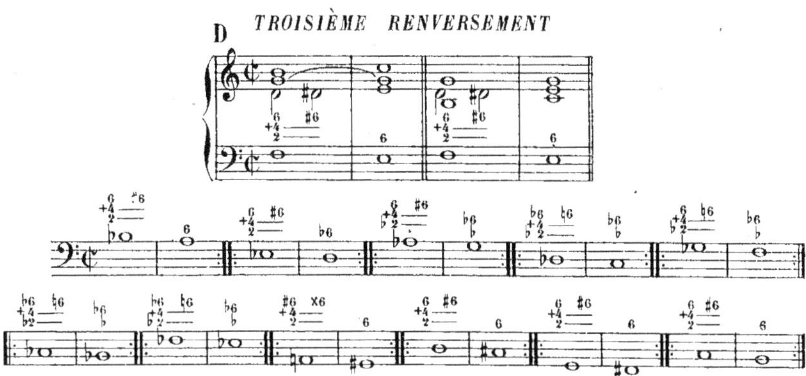

ALTÉRATION DESCENDANTE de la QUINTE
dans l'Accord de Septième de Dominante et ses renversements
(V. Traité d'Harmonie, § 1105, p. 447)

ÉTAT FONDAMENTAL

PREMIER RENVERSEMENT

DEUXIÈME RENVERSEMENT

TROISIÈME RENVERSEMENT

ALTÉRATION ASCENDANTE de l'OCTAVE
dans l'Accord de Septième de Dominante
(V. Traité d'Harmonie, p. 448)

LEÇON
Allegro.
N° 202.
Molto ritenuto.
A tempo.
Rit.
A tempo.
Rit.
A.L.6703.

67ᵐᵉ SÉRIE D'EXERCICES

ALTÉRATION ASCENDANTE de la FONDAMENTALE
dans l'Accord de Septième mineure
(V. Traité d'Harmonie, p 458)

(*) *Quintes par demi-ton descendant, en mouvement contraire avec la basse,* admissible.

ALTÉRATION ASCENDANTE de la SIXTE
dans l'Accord de Quinte et Sixte du 6me degré du mode mineur

LECON

68me SÉRIE D'EXERCICES

ALTÉRATION ASCENDANTE de la TIERCE
dans l'Accord de Septième mineure et Quinte diminuée du 2^d degré du mode mineur

(V. Traité d'Harmonie, p.465)

ÉTAT FONDAMENTAL

PREMIER RENVERSEMENT

DEUXIÈME RENVERSEMENT
C
TROISIÈME RENVERSEMENT
D
LEÇON
Nº 204.
A.L.6703.

ACCORDS de SIXTE AUGMENTÉE

(V. Traité d'Harmonie, p.466)

ALTÉRATIONS RETARDÉES
par leur degré supérieur

(Voir notre Traité d'Harmonie, p. 467 et 468)

ALTÉRATIONS et RETARDS SIMULTANÉS

(V. Traité d'Harmonie, p.469)

RÉSOLUTIONS EXCEPTIONNELLES
des Altérations non-préparées
(V. Traité d'Harmonie, p.475, §§ 1144 et 1145)

69ᵐᵉ SÉRIE D'EXERCICES

RETARDS OBTENUS par la PROLONGATION des NOTES ALTÉRÉES
(V. Traité d'Harmonie, p.476)

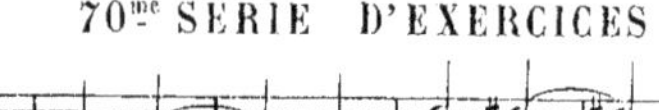

70ᵐᵉ SÉRIE D'EXERCICES

LEÇONS

Retards résultant de la *prolongation des notes altérées;*
résolutions exceptionnelles des altérations non - préparées.

MODULATIONS ENHARMONIQUES

(V. Traité d'Harmonie, p.474 et 475)

PÉDALES

(V. Traité d'Harmonie, p.477 et suivantes)

LEÇONS
en basses chiffrées sur l'ensemble du Cours.

(*) Sur ces tenues les *accords* surmontés d'une *liaison* sont compris dans *un même temps*; les *autres* ont *chacun* la valeur d'un *temps entier*.

A.L.6703.

Allegretto quasi Andantino.
Nº 218.
Larghetto.
Nº 219.
A.L.6703.

Allegro moderato
Nº 220.
Molto moderato.
Nº 221.
A.L.6703.

Moderato.
N.º 222.
Allegro moderato.
N.º 223.

Allegro moderato.
No 224.
f
Cresc.
ff
mf
p
Cresc.
f
p
sf
f
p
Cresc.
ff
A.L.6703.

N.º 225.

N.º 226.

LEÇONS
contenant des contrepoints renversables.
(V. Traité d'Harmonie, p.204)

Moderato.
Nº 227.
Allegretto.
Nº 228.

Molto moderato.
N.º 229.
Allegretto.
N.º 230.

Maestoso non lento.
Nº 231.
FIN de la TROISIÈME PARTIE

QUATRIÈME PARTIE

DU CHANT DONNÉ
ou de la Mélodie à Accompagner au Piano

§ 103.—Il y a bien des manières d'accompagner une mélodie. On peut le faire: 1º en *accords plaqués* (liés ou détachés;) 2º en *accords brisés* (batteries ou arpèges;) 3º en frappant la *basse au temps fort* et les *notes supérieures* au *temps faible;* 4º avec des *dessins quelconques* pour la main droite ou pour la main gauche; etc, etc.—L'important, c'est de faire une *bonne harmonie* et de lui donner *une forme* qui convienne au *caractère du morceau.*

ACCORDS PLAQUÉS

ACCORDS BRISÉS

N. B.—Pour qu'une suite d'*accords brisés* soit bonne, il faut qu'elle puisse être constituée à l'*état plaqué*, de telle manière que, en y conservant aux diverses notes *leur même position respective*, il n'en résulte aucune faute de réalisation. Une *harmonie brisée* est toujours correcte lorsqu'elle remplit cette condition.

ACCORDS PRÉCÉDENTS CONSTITUÉS A L'ÉTAT PLAQUÉ

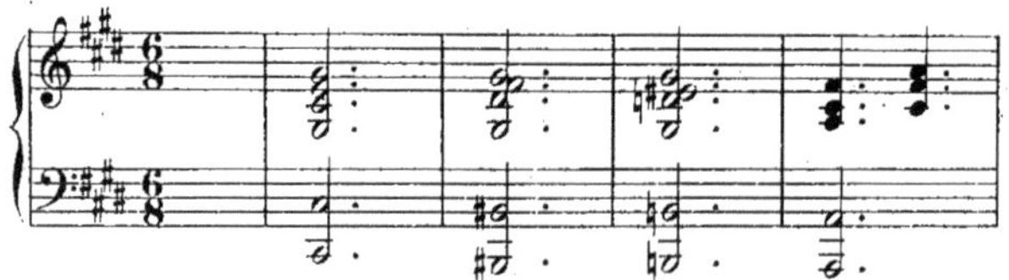

BASSE FRAPPÉE AU TEMPS FORT
Notes supérieures de l'Accord au temps faible.

DESSINS D'ACCOMPAGNEMENT
à la main droite et à la main gauche.

§ **104.**—Les *rapports harmoniques* doivent être *corrects* entre les diverses parties de l'accompagnement; c'est-à-dire qu'on doit y éviter des fautes telles que: *quintes* ou *octaves consécutives, fausses relations,* etc. etc.

§ **105.**— Cependant, on y admet les *suites d'octaves* destinées à *renforcer* une partie qu'on veut mettre en *relief.*

§ **106.**—Quant aux *octaves consécutives* qui peuvent se rencontrer entre la *mélodie* et l'u-ne *des parties d'accompagnement,* elles ne sont à éviter qu'avec la basse.

§ **107.**—Il arrive même fort souvent que la *partie supérieure* de l'accompagnement ne fait que *doubler* les *notes principales* de la mélodie, dont elle suit tous les contours.

(ÉMILE DURAND — *Promenade en Juin,* Mélodie)

§ **108.**—Les anciens auteurs tels que *Rameau, Glück, Grétry,* etc. *doublaient* presque toujours le *chant* par la *partie supérieure* de l'accompagnement.

(GLÜCK — *Orphée,* 1er Acte)

§ **109.**—Il arrive quelquefois qu'un *chant* est accompagné à l'*unisson* par la *main gauche,* la mélodie servant de *basse* à l'harmonie.

(SAINT-SAËNS — *Henri VIII,* 2e Acte)

Ce n'est qu'en s'exerçant beaucoup qu'on arrive à *accompagner* convenablement, à *première vue,* une mélodie qui ne soit pas par trop *simple* ou par trop *banale.*

On fera donc bien de chercher de *bons accompagnements,* non seulement pour les quelques chants que nous donnons ci-après, mais encore pour d'autres chants qu'on pourra trouver soi-même dans les ouvrages des bons compositeurs de toutes les époques.

CHANTS ou MÉLODIES
qu'on devra Accompagner au Piano ou à l'Orgue

J. Ph. RAMEAU.—*CASTOR ET POLLUX* (1737)

AIR de la **SUIVANTE** d'**HÉBÉ** (2e Acte)

C. W. GLÜCK.—*ORPHÉE ET EURIDICE* (1762)

MORCEAUX SYMPHONIQUES (2⁰ Acte)

A. GRÉTRY.—*LE TABLEAU PARLANT* (1769)

AIR de CASSANDRE

A. GRÉTRY.—L'AMITIÉ A L'ÉPREUVE (1771)
ROMANCE de CORALI (2e Acte)
N° 5.

C.W. GLÜCK.—IPHIGÉNIE EN AULIDE (1774)
AIR de CLYTEMNESTRE (2e Acte)
Allegro moderato.
N° 6.
FIN
Adagio
D.C.

C.W. GLÜCK.—ARMIDE (1777)
AIR de la NAÏADE (2e Acte)
Andante. (1er Violon doublant le Chant)
N° 7.

A. GRÉTRY.—*LES ÉVÈNEMENTS IMPRÉVUS* (1779)

AIR de PHILINTE (1er Acte)

Larghetto.

N° 8.

A. GRÉTRY.—*RICHARD COEUR DE LION* (1785)

AIR de LAURETTE (1er Acte)

Andante spiritoso.

N° 9.

W. A. MOZART.—*LES NOCES DE FIGARO* (1786)

ARIETTE de CHÉRUBIN (1er Acte)

Nº 10.

A. M. G. SACCHINI.—*OEDIPE A COLONNE* (1787)

AIR d'ANTIGONE (2e Acte)

Nº 11.

W. A. MOZART.—*DON JUAN* (1787)

SÉRÉNADE de DON JUAN (2e Acte)

Nº 12.

W. A. MOZART.—*LA FLÛTE ENCHANTÉE* (1791)

AIR de TAMINO (2e Acte)

D. CIMAROSA.—*LE MARIAGE SECRET* (1792)

AIR de LISETTE (2e Acte)

J. HAYDN. — *LA CRÉATION* (1798)

MORCEAU SYMPHONIQUE (3e Partie)

L. CHÉRUBINI. — *LES DEUX JOURNÉES* (1800)

COUPLETS de MIKELI

J. HAYDN.—*LES SAISONS* (1801)

CAVATINE de LUCAS (2ᵉ Partie)

L.V. BEETHOVEN.—*FIDELIO* (1805)

AIR de MARCELINE (1ᵉʳ Acte)

E. H. MÉHUL. —*JOSEPH* (1807)

ROMANCE de BENJAMIN (2ᵈ Acte)

G. SPONTINI. — *LA VESTALE* (1807)

PRIÈRE de JULIA (2ᵉ Acte)

A. L. 6703.

G. ROSSINI. — *TANCRÈDE* (1813)

CAVATINE (1ᵉʳ Acte)

G. ROSSINI. — *OTELLO* (1816)

ROMANCE du SAULE (3ᵉ Acte)

G. ROSSINI. — *MOÏSE* (1818)

Fragment de l'OCTETTO (1er Acte)

G. ROSSINI. — *LA DONNA DEL LAGO* (1819)

Fragment du DUETTINO (1er Acte)

CH. M. DE WEBER. — *FREISCHUTZ* (1821)

PRIÈRE d'ANNETTE (3e Acte)

A.L.6703.

Ch. M. de **WEBER**. — *EURIANTE* (1823)
ROMANCE d'ADOLAR (1er Acte)

N. B.— Nous devons à l'obligeance des principaux Editeurs de Musique de Paris l'autorisation de publier les *CHANTS DONNÉS* ci-après, tirés d'Opéras dont ils sont propriétaires.

E.D.

A. **BOÏELDIEU**. — *LES DEUX NUITS* (1829)*
COUPLETS d'ÉDOUARD (1er Acte)

FABLIAU (2e Acte)

(*) **COTELLE**, Editeur.

G. ROSSINI. — GUILLAUME TELL (1829)*

CHŒUR "Ciel qui du monde es la parure" (1er Acte)

V. BELLINI. — LA NORMA (1831)

Fragment du FINAL (4e Acte)

F. HÉROLD. — *LE PRÉ AUX CLERCS* (1832)*

ROMANCE (1.er Acte)

Allegretto.

N.º 32.

F. HALÉVY. — *L'ÉCLAIR* (1835)**

Fragment du FINAL (1er Acte)

Moderato espressivo.

N.º 33.

D. F. E. AUBER. — *LE DOMINO NOIR* (1837)***

COUPLETS d'ANGÈLE (1er Acte)

Allegro non troppo.

N.º 34.

(*) L. GRUS, Éditeur.   (**) H. LEMOINE, Éditeur.   (***) BRANDUS et Cie Éditeurs.

A.L.6703.

AMBR. THOMAS. — *MINA* (1843) *

ROMANCE (3ᵉ Acte)

H. BERLIOZ. — *LA DAMNATION DE FAUST* (1846) **

SÉRÉNADE de MÉPHISTOPHÉLÈS

(*) ALPHONSE LEDUC, Éditeur.   (**) S. RICHAULT, Éditeur.

D. F. E. AUBER. — *HAYDÉE* (1847)*

COUPLETS de LORÉDAN (3e Acte)

Andante sostenuto.

N? 37.

F. HALÉVY. — *LE VAL D'ANDORRE* (1848)**

ROMANCE de STEPHAN (3e Acte)

Andantino.

N? 38.

G. MEYERBEER. — *LE PROPHÈTE* (1849)***

COMPLAINTE de la MENDIANTE (4e Acte)

Andantino quasi Allegretto.

N? 39.

(*) BRANDUS et Cⁱᵉ Editeurs.　　(**) H. LEMOINE, Editeur.　　(***) BRANDUS et Cⁱᵉ Editeurs.

A. L. 6703.

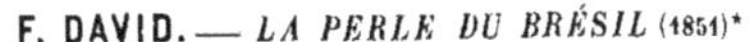

F. DAVID. — *LA PERLE DU BRÉSIL* (1851)*

COUPLETS du MYSOLI

Andante.

Nº 40.

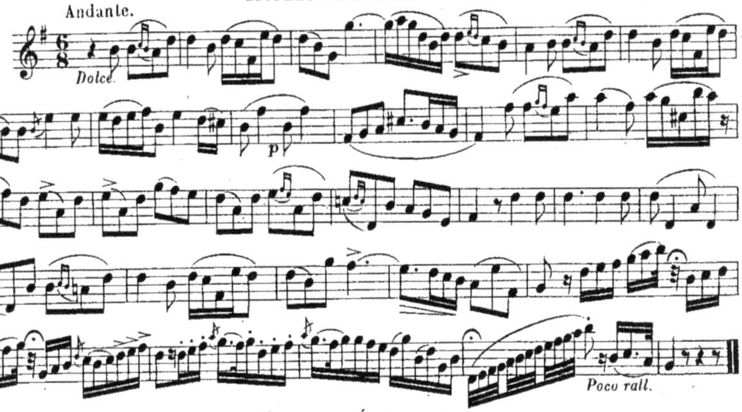
Dolce
p
Poco rall.

AD. ADAM. — *SI J'ÉTAIS ROI* (1852)**

ROMANCE de ZÉPHORIS (1er Acte)

Andante. (♩= 69)

Nº 41.

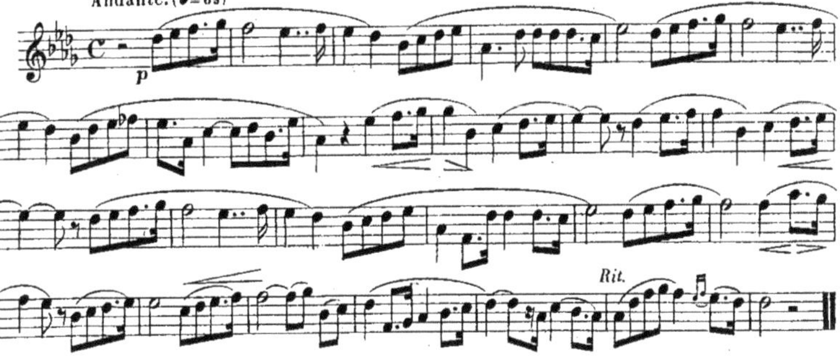
p
Rit.

COUPLETS du ROI (1er Acte)

Larghetto. (♩= 69)

Nº 42.

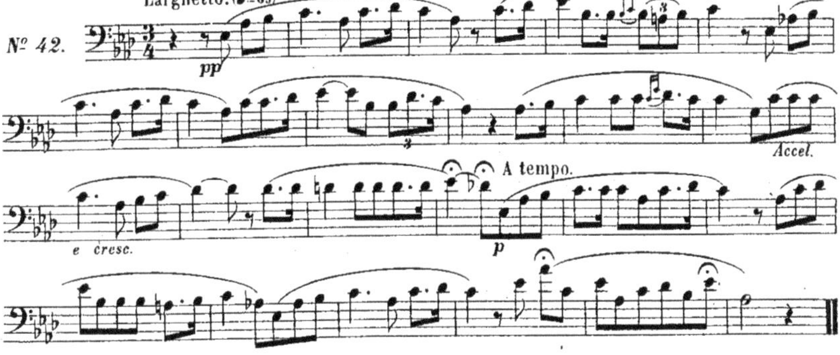
pp
Accel.
A tempo.
e cresc.
p

(*) H. HEUGEL, Editeur.

(**) ALPHONSE LEDUC, Editeur.

VICTOR MASSÉ. — GALATHÉE (1852)*
AIR de PYGMALION (1er Acte)
Allegretto cantabile.
Tempo.
N.° 43.
p
Pressez un peu.
mf
Animez un peu.
Con forza.
Dim.
p
Pressez un peu.
Tempo.
Tempo.
Animez.
Cresc.
Lento.
f
E. BOULANGER. — LES SABOTS DE LA MARQUISE (1854)**
COUPLETS de LISE
Allegretto moderato.
N.° 44.
p
Rit.
Un peu plus vite.
1.er tempo.
Allegro.
Animez.
Plus lent.
f

TH. SEMET.—*LES NUITS D'ESPAGNE* (1857) *

ROMANCE (1er Acte)

F GEVAËRT.—*QUENTIN DURWARD* (1858) **

AIR d'ISABELLE (2e Acte)

(*) D. IKELMER, Editeur.   (**) L. GRUS, Editeur.

L. DEFFÈS.—*LES BOURGUIGNONNES* (1862)*

COUPLETS de MANETTE.

Allegretto.

Nº 47.

F. DAVID.—*LALLA-ROUKH* (1862)**

Fragment du DUO (1er Acte)

Allegretto.

Nº 48.

J. DUPRATO.—*LA DÉESSE ET LE BERGER* (1863)***

COUPLETS de BACCHUS (2e Acte)

Ben moderato. (Très rythmé)

Nº 49.

(*) L. BATHLOT, Editeur.   (**) Vᵉ E. GIROD, Editeur.   (***) S. RICHAULT, Editeur.

A. MAILLART.— *LARA* (1864)*
CHANSON ARABE (2ᵉ Acte)

G. MEYERBEER.— *L'AFRICAINE* (1865)**
AIR de NÉLUSKO (2ᵉ Acte)

F. BAZIN.— *LE VOYAGE EN CHINE* (1865)***
ROMANCE de KERMOISAN (1ᵉʳ Acte)

ÉMILE DURAND.—*L'ÉLIXIR DE CORNÉLIUS* (1868) *

ROMANCE de FRÉDÉRIQUE

ÉMILE PESSARD.—*LA CRUCHE CASSÉE* (1870) **

COUPLETS de MACLOU

G. VERDI.—*AÏDA* (1871)

Fragment du DUO d'Aïda et d'Amnéris (2.º Acte)

(*) O'KELLY, Editeur.   (**) ALPHONSE LEDUC, Editeur.   (***) ALPHONSE LEDUC, Editeur.

A. L. 6703.

Fragment du DUO d'Aïda et de Radamès (3e Acte)
Allegro assai vivo.
No 56.
f
ppp
pp
Rit.
3
3
3
3
3
3
Fragment du DUO d'Amnéris et de Radamès (4e Acte)
Cantabile. (♩=84)
No 57.
Grandioso.
f
V. JONCIÈRES. — DIMITRI (1876)*
ROMANCE (4e Acte)
Andante sostenuto.
No 58.
p
Cresc.
sf
sf
Cresc.
Pressez et cresc. poco a poco.
mf
ff
Rall. e dim.
p

VICTOR MASSÉ. — *PAUL et VIRGINIE* (1876)*

Fragment du DUO de *Paul* et de *Virginie*. (1er Acte)

Larghetto espressivo.

Nº 59.

CH. GOUNOD. — *CINQ-MARS* (1877)**

CANTILÈNE (1er Acte)

Adagio   molto tranquillo

Nº 60.

J. MASSENET. — *LE ROI DE LAHORE* (1877)***

ARIOSO de SCINDIA (4e Acte)

Andante.

Nº 61.

(*) MICHAËLIS, Éditeur.   (**) L. GRUS, Éditeur.   (***) G. HARTMANN, Éditeur.

A.L. 6703.

E. PALADILHE.—*SUZANNE* (1878)*
AIR de RICHARD (1er Acte)

Nº 62.

ÉMILE PESSARD.—*LE CAPITAINE FRACASSE* (1878)**
AIR de SIGOGNAC (1er Acte)

Nº 63.

TH. DUBOIS.—*LE PARADIS PERDU* (1878)***
Fragment de l'AIR d'ADAM (1e Partie)

Nº 64.

(*) G. HARTMANN, Editeur.   (**) ALPHONSE LEDUC, Editeur.   (***) Vve E. GIROD, Editeur.

P. L. HILLEMACHER. — *LORELEY* (1882) *
FRAGMENT

C. SAINT-SAËNS. — *HENRY VIII* (1883) **
Fragment du **FINAL** (4ᵉ Acte)

LÉO DELIBES. — *LAKMÉ* (1883) ***
Fragment du **DUO** (2ᵉ Acte)

E. REYER. — *SIGURD* (1884) ****
FRAGMENT SYMPHONIQUE (2ᵉ Acte — IIᵉ Tableau)

ÉMILE DURAND. — *OUBLIONS-LA!* (1884)*

MÉLODIE

BENJ. GODARD. — *PEDRO DE ZALAMEA* (1884)**

AIR de DON PEDRO (2º Acte)

(*) O'KELLY, Éditeur.   (**) HAMELLE, Éditeur.

FIN de la QUATRIÈME PARTIE

CINQUIÈME PARTIE

De la GRANDE PARTITION ou PARTITION D'ORCHESTRE
de sa LECTURE et de sa RÉDUCTION pour le PIANO

§ 110. — Avant d'entreprendre la lecture de la *grande partition,* il est indispensable de connaitre les *diverses manières dont on écrit* chacun des *intruments* de l'orchestre.

§ 111. — Les uns sont écrits dans le *ton* et au *diapason réels;* les autres, dans une *tonalité fictive* ou à un *diapason qui n'est pas le véritable.* Ces derniers sont des *instruments transpositeurs.* Pour les *réduire* au *piano* ils exigent une *contre-transposition:*

§ 112. — Ainsi, il faut *transposer* à la *seconde inférieure* un instrument qui est *noté* à une *seconde au-dessus du ton réel;* il faut *hausser* d'une *tierce majeure* celui qui est écrit à *deux tons trop bas;* etc.

NOMENCLATURE DES INSTRUMENTS D'ORCHESTRE
ET NOTATIONS DIVERSES EN USAGE POUR CHACUN D'ENTRE EUX

INSTRUMENTS à CORDES à ARCHET

Violon. — Le 1er et le 2d Violon s'écrivent en *clé de sol 2me ligne.*(*)

Alto. — L'Alto s'écrit, habituellement, en *clé d'ut 3me;* mais les notes aigües s'écrivent parfois en *clé de sol.*

(*) Jusqu'au milieu du XVIIIe siècle, les compositeurs écrivaient le *1er Violon* en *clé de sol 1re ligne.*

Violoncelle ou **Basse.**—Le Violoncelle s'écrit en *clé de fa 4me* pour les sons du *grave* et du *médium;* en *clé d'ut 4me* pour les sons *aigus,* et en *clé de sol* pour les sons *sur-aigus.*

N-B. Le *Violon,* l'*Alto* et le *Violoncelle* sont écrits au *ton* et au *diapason réels.*

Contre-Basse.—La Contre-Basse s'écrit toujours en *clé de fa 4me,* l'effet produit est à l'*octave au-dessous* de la chose écrite.

INSTRUMENTS à CORDES PINCÉES

Harpe.—La Harpe s'écrit comme le piano sur deux portées: *clé de sol* et *clé de fa.*

Guitare.—La Guitare s'écrit en *clé de sol 2de* et une octave *au-dessus* du *son réel.* (Cet instrument est rarement employé dans l'orchestre)

Mandoline.—La Mandoline s'écrit en *clé de sol* et au *diapason réel.*

INSTRUMENTS à VENT en BOIS

Flûte ou **Grande Flûte.**—La Flûte s'écrit en *clé de sol*, au *ton* et au *diapason réels*.

Petite Flûte ou **Octave.**— La Petite Flûte s'écrit comme la Grande, mais l'effet produit est à l'*octave au-dessus* de la chose écrite.

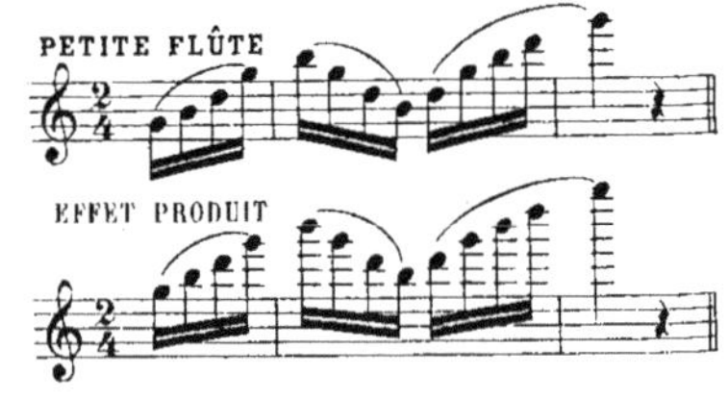

Hautbois.— Le Hautbois s'écrit en *clé de sol*, au *ton* et au *diapason réels*.

(ÉMILE DURAND.— *Ouverture de Concert*)

Cor anglais.—Le Cor anglais s'écrit, habituellement, en *clé de sol* et à la *quinte au-dessus* du *ton réel*.

(G. MEYERBEER.— *Le Prophète.*)

Les anciens compositeurs l'écrivaient, généralement, en *clé d'ut 2me*, au *ton* et au *diapason réels*.(C'est ainsi qu'Halévy l'a écrit dans la *Juive*, les *Mousquetaires de la Reine* et le *Val d'Andorre*)

(HALÉVY.— *Le Val d'Andorre*)

Dans *Guillaume-Tell*, ROSSINI a noté le Cor anglais en *clé de fa 4me*, à l'octave au-dessous du *son réel*.

(G. ROSSINI.— *Ouverture de Guillaume-Tell.*)

A. L. 6703.

Trombone.—Il y a *trois espèces* de Trombones : 1° le trombone *basse*, 2° le trombone *ténor*, 3° le trombone *alto*. Ils s'écrivent *dans le ton* et au *diapason réels*.

Les orchestres français ne possèdent, généralement, que des *trombones ténors*.

On les trouve disposés, tantôt sur *trois portées*, clés de *fa*, *ut* 4me et *ut* 3me, comme pour trombones *basse*, *ténor* et *alto*.

tantôt sur *deux portées*,

tantôt sur *une seule*, ou bien

Ophicléide.— L'Ophicléide basse *en ut* est le seul employé dans l'orchestre. Il s'écrit en *clé de fa* dans le *ton* et au *diapason réels*, comme le *trombone basse*.

INSTRUMENTS MIXTES *(BOIS ET MÉTAL)*

Saxophones.—Il y a *cinq espèces* de saxophones :

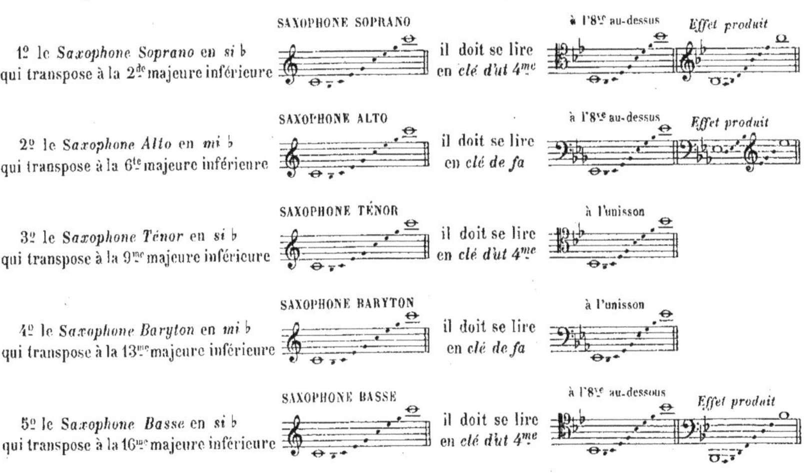

INSTRUMENTS A PERCUSSION

Timbales.— En général, on se sert de *deux timbales* dont l'une donne la *tonique* et l'autre la *dominante*. On les note toutes les deux en *clé de fa* et sur *une même portée* au moyen des *sons réels*.

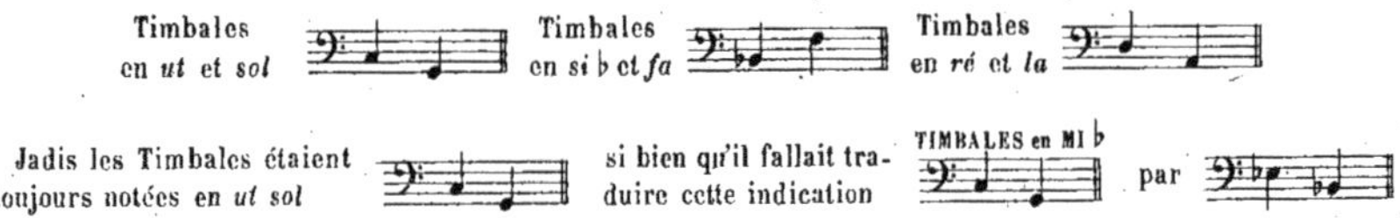

Tambour et Grosse Caisse.— Le Tambour ou *caisse claire*, la caisse roulante et la *grosse caisse*, n'ayant pas un son bien déterminé au point de vue de l'*intonation*, on note ces instruments sur un *degré quelconque*, mais le plus souvent à la place de l'*ut;* le premier en *clé de sol*, les deux autres en *clé de fa*.

S'il est utile d'en faire entendre le *rythme*, il faut choisir pour cela le *son* qui s'accorde le mieux avec *l'harmonie employée*.

Cymbales et Triangle.— Il en est de même des *cymbales* et du *triangle* qui se notent :

les *cymbales* en clé de *fa*, 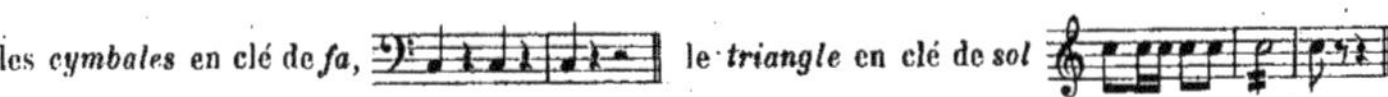 le *triangle* en clé de *sol*

TRANSCRIPTION et RÉDUCTION pour le PIANO
DE LA GRANDE PARTITION

L'*arrangement* pour le piano d'une partition d'orchestre doit être, nécessairement, *subordonné* à *l'habileté plus ou moins grande* du pianiste chargé de l'exécuter.

Il est certains passages disposés de telle sorte qu'on peut les *jouer tels quels* sur le piano : ce n'est, dès lors, qu'une affaire de *coup d'œil* et de *doigté*.

OBSERVATION. — La partie de piano joue exactement *tout ce qui est écrit pour l'orchestre* à ce moment : c'est une *transcription exacte.*

Cependant, tel passage *exécutable* pour un *pianiste habile* ne le sera pas pour un *pianiste médiocre :* celui-ci devra le *simplifier* pour, pouvoir le jouer.

Dans tous les passages qui, *n'étant pas jouables* tels qu'ils sont écrits, nécessitent une *réduction*, l'accompagnateur doit, autant que son talent de pianiste le lui permet, *respecter le texte* qu'il a sous les yeux, en jouant aussi fidèlement que possible *les parties les plus essentielles* de la composition, et ne négliger que les *parties accessoires* qu'il ne pourrait exécuter en même temps que les autres, avec assez de netteté.

OBSERVATIONS.—Dans l'impossibilité de jouer à la fois : d'une part, les *clarinettes* et *bassons*, d'autre part, toutes les parties *d'instruments à cordes*, il était préférable d'abandonner les *clarinettes* et les *bassons* qui ne font guère que *doubler les parties de chant*, et de ne jouer, de la *main gauche*, que la *contre-basse* et le *violoncelle*, et de la *main droite*, l'alto et le 2^d *violon* qui ont les dessins les plus *intéressants* de l'accompagnement.

La partie de *violoncelle* a même dû être *modifiée*; parce que, sans cela, les *deux mains* se seraient *embarrassées l'une l'autre* en voulant jouer, telle qu'elle est écrite, cette partie avec celles de l'alto et du 2^d *violon*.

Quant aux *accords du 1er violon*, ils ont dû être *sacrifiés*, étant presque *inexécutables* en même temps que les dessins placés à la main droite.

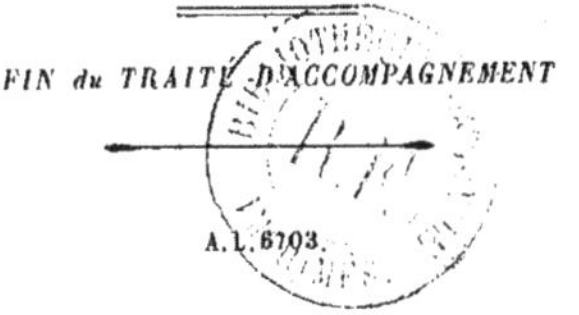

FIN du TRAITÉ D'ACCOMPAGNEMENT

A. L. 6793.

TABLE DES MATIÈRES

	Pages
Avant-propos	1
De la Basse chiffrée	3

PREMIÈRE PARTIE

HARMONIE CONSONANTE

	Pages
1re Série d'exercices. (Accds de 3 sons fondamentaux)	7
Leçons résumant les exercices de la 1re série	11
2me Série d'exercices — Accords de sixte	13
Leçons résumant les exercices de la 2me série	19
3me Série d'exercices — Accords de quarte et sixte	20
Leçons résumant les exercices de la 3me série	22
Accords de quarte augmentée et sixte	»
4me Série d'exercices — Accords brisés	24
Leçons résumant les exercices de la 4me série	28
Transposition de la basse chiffrée	»
5me Série d'exercices — Cadences et Marches	30
Leçons contenant des Marches unitoniques	31
Modulation aux tons voisins	32
Modulation aux tons éloignés	34
Enharmonie	35
6me Série d'exercices — Marches modulantes	36
Cadence évitée	38
Leçons spéciales sur chacun des états des accords de trois sons	39
Contrepoints renversables	42
Leçon à exécuter d'après un thème donné	43
7me Série d'exercices — Notes de passage et broderies. Accords de trois sons fondamentaux	44
8me Série d'exercices. Accords de sixte	50
Marches unitoniques à imitations	53
Leçons résumant les 7me et 8me Séries d'exercices	54

DEUXIÈME PARTIE

HARMONIE DISSONANTE NATURELLE

	Pages
Accord de septième de dominante	57
9me Série d'exercices	58
Leçons	60
Accord de quinte diminuée et sixte	62
10me Série d'exercices	»
Leçons	64
Accord de sixte sensible	65
11me Série d'exercices	66
Leçons	67
Accord de triton	68
12me Série d'exercices	69
Formule contenant l'accord de 7me de dominante et ses 3 renversements dans tous les tons	71
Leçons	72
13me Série d'exercices — 7me de dominante et ses renversements en accords brisés	73
Leçons	77
14me Série d'exercices — Résolutions exceptionnelles	78
Leçons	82
Leçons difficiles	»
15me Série d'exercices — Notes de passages et broderies — Accords de 7me de dominante	88
Leçons	92
Accord de septième de sensible	94
16me Série d'exercices	95
Leçons	96
Accord de quinte et sixte sensible	97
17me Série d'exercices	98
Leçons	99
Accord de triton et tierce majeure	100
18me Série d'exercices	101
Leçons	102
Accord de seconde sensible	103
19me Série d'exercices	104
Leçons	106
Leçons difficiles	»
Accord de septième diminuée	109
20me Série d'exercices	110
Leçons	111
Accord de quinte diminuée et sixte sensible	112
21me Série d'exercices	113
Leçons	114
Accord de triton et tierce mineure	115
22me Série d'exercices	116
Leçons	117
Accord de seconde augmentée	118
23me Série d'exercices	119
Leçons	122

290

Pages

24me Série d'exercices — 7me de sensible et 7me diminuée en *accords brisés* 123
Leçon 127
25me Série d'exercices — *Echanges de notes avec notes de passages* — Septième de sensible . . 128
Leçon 131
26me Série d'exercices — *Résolutions exceptionnelles.* 132
Leçons 137
Accords de *neuvième de dominante* 138

Pages

27me Série d'exercices 139
Leçons 140
28me Série d'exercices — *Résolutions exceptionnelles.* 141
Leçons 142
29me Série d'exercices — Renversements des 9mes. . »
Leçon 143
Accords de 7me et de 9me *sur-tonique* 144
30me Série d'exercices . . . . »
Leçons 149

TROISIÈME PARTIE

HARMONIE DISSONANTE ARTIFICIELLE

Pages

Accords de *septième* par *prolongation.* 150
31me Série d'exercices . . . . »
Leçons 152
Accords de *quinte et sixte.* 153
32me Série d'exercices . . . . »
Leçons 154
Accords de *tierce et quarte* 155
33me Série d'exercices . . . . »
Leçons 157
Accords de *seconde* 158
34me Série d'exercices . . . . »
Leçons 160
Altérations dans les accords de septième 161
Résolutions exceptionnelles . . . . »
Accords brisés — Septièmes par prolongation . . »
Echanges de notes avec notes de passage 162
Variantes, broderies et notes de passages. . . . »
Des retards 163
Retard de la basse dans les accords de trois sons fondamentaux. . . . . »
35me Série d'exercices . . . . »
Leçons 165
Retard de la 6te *par la* 7me dans les accds de sixte. 166
36me Série d'exercices . . . . »
Leçons 168
Retard de la 4te *par la* 5te dans les accords de quarte et sixte 169
37me Série d'exercices . . . . »
Leçons 170
Retard de la 3ce *par la* 4te dans les accords de trois sons fondamentaux 171
38me Série d'exercices . . . . »
Leçons 174
Retard de la basse dans les accords de sixte. . 175
39me Série d'exercices . . . . »
Leçons 177
Retard de la 6te dans les accords de 4te et 6te . 178
40me Série d'exercices . . . . »
Leçons 179
*Retard de l'*8re *par la* 9me (Accds de 3 sons fondamanx) 180
41me Série d'exercices . . . . »
Leçons 182
*Retard de l'*8re *par la* 9me *(Accords de Sixte).* . . 183
42me Série d'exercices . . . . »
Leçon. . . . . »

Pages

*Retard de l'*8re *par la* 9me (Accords de 4te et 6te). . 184
43me Série d'exercices . . . . »
Leçon . . . . »
Retards simultanés (Accds de 3 sons fondamentaux) . 185
Retards de la 3ce *et de l'*8re *par la* 4te *et la* 9me . »
44me Série d'exercices . . . . »
Retards de la 3ce *et de la* 5te *par la* 4te *et la* 6te. 186
45me Série d'exercices . . . . »
Retards de la 6te *et de l'*8me (Accords de sixte). . . 188
46me Série d'exercices . . . . »
Leçons 189
Retards de la 4te *et de la* 6te (Accords de 4te et 6te). »
47me Série d'exercices . . . . »
Retards de la 6te *et de l'*8me (Accords de 4te et 6te). 191
48me Série d'exercices . . . . »
Leçons . . . . »
Retards simultanés à résolutions successives. . . »
Retard de la 3ce (Accord de 7me de dominante). . . 192
49me Série d'exercices . . . . »
Retard de la basse (Accord du 5te diminuée et 6te). . 193
50me Série d'exercices . . . . »
Retard de la 6te (Accord de 6te sensible) 194
51me Série d'exercices . . . . »
Retard de la 4te (Accord de triton) 196
52me Série d'exercices . . . . »
Leçons 197
Retard de la 5te (Accord de 7me de dominante). . . 198
53me Série d'exercices . . . . »
Retard de la 3ce (Accord de 5te diminuée et 6te). . 199
54me Série d'exercices . . . . »
Retard de la basse (Accord de 6te sensible). . . . 200
55me Série d'exercices . . . . »
Retard de la 6te (Accord de triton) 201
56me Série d'exercices . . . . »
Leçons . . . . »
Retard de la 3ce (Accords de septième de sensible des deux modes) 202
57me Série d'exercices . . . . »
Retard de la basse (Accd de 5te dimin. et 6te sensible). 203
58me Série d'exercices . . . . »
Retard de la 6te (Accd de triton et tierce). 204
59me Série d'exercices . . . . »
Retard de la 4te (Accd de 2de augmentée) 205
60me Série d'exercices . . . . »
Leçon 207

	Pages
DES ALTÉRATIONS	208
61ᵐᵉ Série d'exercices (Altération ascendante de la 5ᵗᵉ dans l'accord parfait majeur et ses renversements)	»
62ᵐᵉ Série d'exercices (Altération descendante de la 5ᵗᵉ dans l'accord parfait majeur et ses renversements)	212
Leçon	213
63ᵐᵉ Série d'exercices (Altération ascendante de l'8ᵛᵉ dans l'accord parfait majeur)	214
Leçon	215
64ᵐᵉ Série d'exercices (Artération ascendante de la fondamentale dans l'accord parf. min. et ses renvᵗˢ)	»
Altér. ascendᵗᵉ de la 5ᵗᵉ (Accᵈ parf. min. et renversᵗˢ)	218
Altér. ascendᵗᵉ de l'8ʳᵉ dans l'accᵈ parf. min	219
Altér. descendᵗᵉ de la fondamentale (Accord parfait mineur)	220
Altér. descendᵗᵉ de l'8ᵛᵉ (Accord parfait mineur)	»
Leçon	221
65ᵐᵉ Série d'exercices (Altér. ascendᵗᵉ de la 3ᶜᵉ dans l'accord de 5ᵗᵉ diminuée et ses renversements)	222
Altér. descendᵗᵉ de la 3ᶜᵉ (Accord de 5ᵗᵉ diminuée)	223
Leçon	»
66ᵐᵉ Série d'exercices (Altér. ascendᵗᵉ de la 5ᵗᵉ dans l'accᵈ de 7ᵐᵉ de dominante et ses renversᵗˢ)	224
Altér. descendᵗᵉ de la 5ᵗᵉ (7ᵐᵉ de dominᵗᵉ et renversᵗˢ)	225

	Pages
Altér. ascendᵗᵉ de l'8ʳᵉ (Accord de 7ᵐᵉ de dominᵗᵉ)	226
Leçon	227
67ᵐᵉ Série d'exercices (Altérat. ascendᵗᵉ de la fondamentale dans l'accᵈ de 7ᵐᵉ mineure)	228
Altér. ascendᵗᵉ de la 6ᵗᵉ (Accord de 5ᵗᵉ et 6ᵗᵉ du 6ᵐᵉ degré, mode mineur)	229
Leçon	230
68ᵐᵉ Série d'exercices (Altér. ascendᵗᵉ de la 3ᶜᵉ dans l'accᵈ de 7ᵐᵉ min. et 5ᵗᵉ dimin. du 2ᵈ degré, mode min.)	»
Leçon	231
Accords de sixte augmentée	232
Altérations retardées par leur degré supérieur	»
Altérations et retards simultanés	»
Résolutions exceptionnelles des altérations non-préparées	233
69ᵐᵉ Série d'exercices	»
Retards obtenus par la prolongation des notes altérées	»
70ᵐᵉ Série d'exercices	»
Leçon	234
MODULATIONS ENHARMONIQUES	»
PÉDALES	235
BASSES CHIFFRÉES sur l'ensemble du Cours	236
Leçons contenant des Contrepoints renversables	242

QUATRIÈME PARTIE

DU CHANT DONNÉ
ou de la Mélodie à Accompagner au Piano

Règles . . . . P. 246

Chants donnés extraits des partitions des Compositeurs Français et Étrangers depuis *Rameau* (1737) jusqu'à nos jours (1884) . . . . Page 249

CINQUIÈME PARTIE

De la GRANDE PARTITION ou PARTITION D'ORCHESTRE
de sa Lecture et de sa Réduction pour le Piano

Considérations générales . . . . P. 276

	Pages
NOMENCLATURE des INSTRUMENTS D'ORCHESTRE et notations diverses en usage pour chacun d'entre eux	276
Instruments à cordes, à archet	»
Instruments à cordes pincées	277
Instruments à vent, en bois	278

	Pages
Instruments à vent, en cuivre	280
Instruments mixtes (bois et métal)	283
Instruments à percussion	284
TRANSCRIPTION et RÉDUCTION pour le Piano de la Grande Partition	285

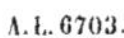

www.ingramcontent.com/pod-product-compliance
Ingram Content Group UK Ltd.
Pitfield, Milton Keynes, MK11 3LW, UK
UKHW022326090726
13658UKWH00001B/106